~お花絞りテクニック集~

Royal Icing Flowers

Artist Link Associate　八木智美

日本文芸社

Life is better
with sprinkles on top...

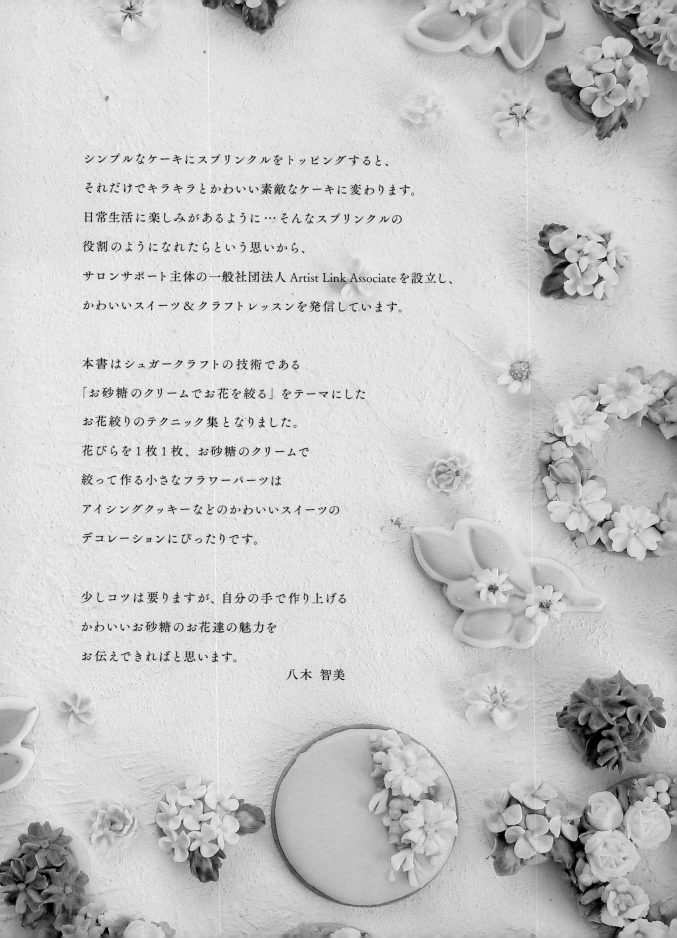

シンプルなケーキにスプリンクルをトッピングすると、

それだけでキラキラとかわいい素敵なケーキに変わります。

日常生活に楽しみがあるように…そんなスプリンクルの

役割のようになれたらという思いから、

サロンサポート主体の一般社団法人 Artist Link Associate を設立し、

かわいいスイーツ＆クラフトレッスンを発信しています。

本書はシュガークラフトの技術である

「お砂糖のクリームでお花を絞る」をテーマにした

お花絞りのテクニック集となりました。

花びらを1枚1枚、お砂糖のクリームで

絞って作る小さなフラワーパーツは

アイシングクッキーなどのかわいいスイーツの

デコレーションにぴったりです。

少しコツは要りますが、自分の手で作り上げる

かわいいお砂糖のお花達の魅力を

お伝えできればと思います。

八木 智美

Contents

5章　リアルなお花絞り

カーネーションやラナンキュラスを使ったリースクッキー（P.86）。
隙間に葉っぱ絞りをしてバランスを取りましょう。

いろいろな花を組み合わせるのも楽しい。
お手持ちのクッキー型から始めてみましょう。

繊細でリアルなお花絞りにもどんどん挑戦してみましょう。
写真はアジサイのミニドーム・リースクッキー（P.92）。

1 章

お花絞りの基礎

すべての基本となる、
材料や道具、アイシングについて解説します。

基本の道具

ボウル

材料を混ぜる際に使用する。電子レンジを使う際などは、耐熱性のものがよい。

スケール

材料を計量する際に使用する。デジタル表示の0.1g単位のものがおすすめ。

ハンドミキサー

クッキーやアイシングの材料を攪拌する際に使用する。

ゴムベラ・泡立て器

クッキーやアイシングの材料を混ぜる際に使用する。

めん棒

クッキー生地を伸ばす際に使用する。

ルーラー

クッキー生地を伸ばす際に、厚みを均一にするために使用する。3mmまたは4mmがおすすめ。

クッキー型

伸ばしたクッキー生地を型抜きするための道具。さまざまな形がある。

霧吹き

アイシングのかたさを調節する際に水を入れてスプレーするのに使用する。

スパチュラスプーン

金属製。アイシングをコルネにつめる際に便利。

ステンレスツール（ニードル）

塗ったアイシングの細かな泡を取り除いたり、アイシングをひっかく際などに使用する。

パレットナイフ

アイシングを混ぜたり、取り分けたりする際に使用する。

ピンセット

クッキーの上に小さなアイシングパーツをのせる際に使用する。

フラワーネイル・フラワーネイルスタンド

口金を使って花を絞る際に使用。土台を回しながら絞ることができる。本書では6号（直径3cm）を使用。

クッキングシート

小さくカットしてフラワーネイルの上にのせて使用する。この上にアイシングを絞る。

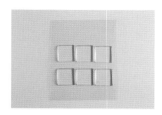

粘着シート

フラワーネイルの上にクッキングシートを貼る際に使用する。

小さなボウルやガラス容器

アイシングを着色したり、小さなパーツを入れておくのに使用する。

つまようじ

食用色素を少量取ってアイシングに加える際に使用。細かな細工をするときにも使う。

OPPシート

アイシングを絞るコルネを作る際に使用する（作り方はP.18参照）。オーブンシートでも代用可能。

絞り袋

口金を使ってアイシングを絞る際に使用する。

口金

絞り袋につけて使用する。さまざまなタイプのものがある（P.28参照）。

はさみ

コルネの先端をカットしたり、クッキングシートをカットする際に使用する。

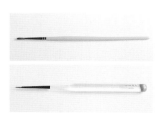

筆

アイシングを絞った後に形をととのえたり、余分なパウダー類を払うときに使用。仕上げのペインティングには細筆を使用する。

ジッパーつき袋

クッキー生地を作ったり、休ませたり、保存する際に使用する。

ダスター

濡らしてかたく絞ったものをコルネや口金にかぶせておくと、アイシングの乾燥を防げる。使い捨てのものが便利。

あると便利な道具

スタンドミキサー

ハンドミキサーよりもパワーがあるため、アイシングをたくさん作るときや、かたいアイシングを作りたいときに便利。

フードドライヤー

アイシングの工程途中で乾かす際に使用する。

マスキングテープ

同じ色で違うかたさのアイシングを使う場合など、かたさ別にコルネにマスキングテープを貼って目印をつけるとわかりやすい。

スケッパー

絞り袋にアイシングを入れる際に使用すると、アイシングのロスを減らすことができる。

ガイドシート

フラワーネイルに貼ってガイドとして使用する。お花絞り初心者はあると便利。

シルパン

クッキーを焼くときに使うと焼きムラがなく、きれいに焼くことができる。メッシュ生地のものがおすすめ。

フラットな天板

オーブンに付属の天板は中央が盛り上がっていたり波打っているものが多いので、平らなものがあると便利。

ケーキクーラー

焼いたクッキーを冷ますときにあると便利。

回転台・マット

クッキーにアイシングをする際、回転台でクッキーを回しながら行うと直接クッキーに触れないため、清潔に作業できる。すべり止めのマットを敷いて使うと便利。

ロイヤルアイシングの材料

粉　糖

グラニュー糖を粉状に挽いて作る細かい粉末の砂糖で、水に溶けやすく湿度に弱い。

・アイシングクッキーのデコレーションに適した粉糖

アイシングクッキーのデコレーションに主に使用されるものには「粉糖にオリゴ糖を加えたもの」と「粉糖にマルトデキストリンを加えたもの」があります。
粉糖にオリゴ糖やマルトデキストリンを加える事で、ダマになりにくくコルネを絞る時のつまりを防ぎます。また、溶けやすく、硬化速度が遅いため、乾燥によるデコレーションの妨げを防止する事ができます。どちらも扱いやすい粉糖ですが、本書では「オリゴ糖入り」を使用しています。

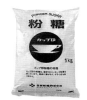

・お花絞り用粉糖について

お花絞り用の粉糖には、コーンスターチ入りの粉糖を使用します。コーンスターチが入っている事で、よりしっかりしたロイヤルアイシングとなり、硬化速度も早く形をしっかりと形成できます。コーンスターチは湿度によるダレ防止にもなっています。
本書のお花絞り用のロイヤルアイシングを作る時は、コーンスターチ入りの粉糖がおすすめです。

メレンゲパウダー（乾燥卵白）

卵白を乾燥させて、粉末にしたもの。製造過程で加熱されているので、サルモネラ菌などが殺菌され、乾燥しているため長期保存が可能で、安心して使用できる。

メレンゲパウダーや乾燥卵白は販売メーカーも多数で粉末粒子の細かさも様々です。一般的に日本の乾燥卵白は粒子が粗いものが多く、水でふやかしてから使用します。本書で使用する乾燥卵白は、ウィルトン社のシュガーデコレーション用に作られたメレンゲパウダー（乾燥卵白）を使用しています。乾燥卵白特有の生臭みもなく、粒子も細かく溶けやすいため水でふやかさずに使用できるので、とても便利です。

食用色素

アイシングの色づけや、仕上げのペインティングに使用する。
本書ではすべてウィルトン社のものを使用。

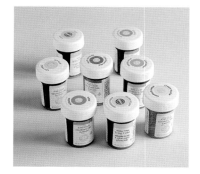

ロイヤルアイシングの作り方

アイシングクッキーの線描きやベースの流し込みに、コルネにつめて使用するアイシングです。
花芯のドットを打ったり、パーツを接着する際にも使用します。

✤ 材料：オリゴ糖入り粉糖200g、メレンゲパウダー（ウィルトン）5g、水（常温）25〜28g（湿度によって調整）

※乾燥卵白を使用する際は、先に分量の水で5分ほどふやかします。

1 粉糖にメレンゲパウダーを加え、ゴムベラで軽く混ぜる。

2 水を加える。

3 粉っぽさがなくなるまで中速でハンドミキサーをかける。

4 3分ほどハンドミキサーをかけると、かためのアイシングが完成。

かたさの調節　※かたさ調整用の水の量は、季節や温度によって変わります。

〈かため〉

すくうとしっかりとツノが立つ。線を描く際に使用する。

〈中間〉

すくって落とすと、10秒ほどでなじみ始める。かためのアイシング100gに水5〜6gを加えて作る。

〈ゆるめ〉

すくって落とすと、3秒ほどでなじむかたさ。かためのアイシング100gに水7〜8gを加えて作る。

保 存

容器に入れ、アイシングの上に濡れたキッチンペーパーなどを置く。ラップなどで容器の口を密閉し冷蔵庫に入れる。約2週間保存できる。

基本のお花絞り用ロイヤルアイシングの作り方

2・3章で紹介するお花絞りで使用するアイシングです。
保存方法はP.59にあります。

❧ 材料：コーンスターチ入り粉糖150g・あとから入れる粉糖25g、
メレンゲパウダー（ウィルトン）10g、水（常温）25g

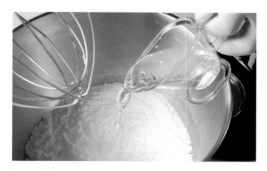

1　粉糖150gにメレンゲパウダーと水を順に入れ、軽く混ぜる。

2　しっかりツノが立つまでハンドミキサーなどで2分ほど撹拌する。

3　あとから粉糖25gを入れ、ゴムベラで混ぜる。

4　再度ハンドミキサーなどで混ぜる。

5　しっかりとツノが立つかたさが出たら完成。

Point

砂糖は熱に弱く水分を吸いやすいため、温度・湿度の影響を受けやすいです。絞る人の体温が高いと、絞り袋やコルネを握る手の熱によってアイシングがやわらかくなります。室内の温度、湿度、ご自身の体温により、ゆるく感じた場合は、5〜10g程度、少しずつ粉糖を加えて微調整しましょう。

コルネの作り方

アイシングを絞る際は、OPPシートを使ってコルネを作ります。
用途にあわせて、2種類を使いわけましょう。

※写真はわかりやすいように色紙を使用しています。

ベース用 コルネの巻きが浅いため、間口が広く流し込み用のゆるいアイシングを入れるのにむいています。

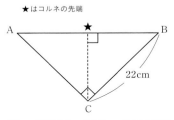

22cmのOPPシート（22cm角の正方形を半分にカットした直角二等辺三角形）

1　★を先端に、AがCに重なるようにして巻く。

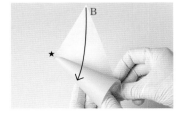

2　BもCに重なるよう、外から巻きつける。隙間ができないように注意。

3　親指でおさえた部分を1cmほど重ねる。

4　先端に穴があいていないかをのぞいて確認し、重なった部分にテープを貼る。

5　完成。

線描き用 コルネの先が2重に巻きつけてあるため、先がしっかりし、かためのアイシングを入れて線描きするのにむいています。

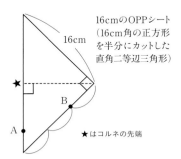

16cmのOPPシート（16cm角の正方形を半分にカットした直角二等辺三角形）

★はコルネの先端

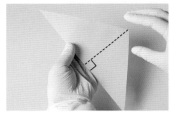

1　長い辺が縦にくるように持つ。

2　長い辺を軽く半分に折り、先端の目印をつける。

3　★を先端に、AがBに重なるように下から1回巻く。

4　先端がゆるまないように、軽く支えながら残りを巻きつけていく。

6　先端に穴があかないようにしっかりしめ、テープを貼る。

コルネのつめ方

アイシングをコルネにつめる際のポイントです。

1　できあがったアイシングをスプーンなどで取る。

2　コルネの中にスプーンをさし込み、親指でアイシングを押さえてスプーンを抜く。

3　アイシングをコルネの先に押し出すようにする。

4　サイドからコルネをたたむ。

5　上から下に巻く。

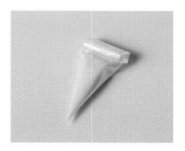

6　テープなどで留める。

かたさを変えるときは

1　同じ色で、かたさをやわらかくする場合は、霧吹きで水を加えるとよい（かたさ調整は P.16 参照）。

2　水を加えたら、よく混ぜる。ゆるめのアイシングはコルネをコップなどに立ててアイシングを流し入れる。コルネのたたみ方、留め方は同じ。

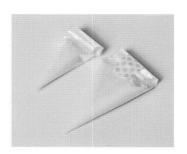

3　かたさの違いがわかるようにマスキングテープなどで目印をつけるとよい。

コルネの使い方

コルネにアイシングをつめたら、基本の使い方をマスターしましょう。

切り方

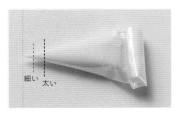

先端をはさみでまっすぐに切る。写真のように、切る位置で太さを調節する。

細い　太い

持ち方

コルネのたたんだ折り目の上に親指がくるように持ち、そのまま押すようにすると、先端にしっかり力が伝わる。

直線の描き方

1　コルネの先端を描く面につけ、絞りながらコルネを上に持ち上げる。

2　均等な力で絞って線が安定したら、線をたるませながら線を引く方向にコルネを動かす。最後はコルネの先端を面につけて終わる。

ドットの絞り方

1　コルネの先を描く面に軽くつけて絞り始め、動かさずに好みの大きさになるまで絞る。絞り終わりは力を抜いて、コルネの先で円を描くようにそっと持ち上げて切る。

2　角が立ってしまったら筆先がととのった筆で表面を押さえてととのえる。

3　ドットが絞れたところ。

ティアドロップの絞り方

1　ドットを描くように、コルネの先端を描く面に軽くつけ、動かさずに好みの大きさになるまで絞る。

2　力をゆるめ、書きたい方向にコルネを引き、先端を面にこすりつけて切るようにする。

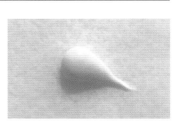

3　しずく型に絞れたところ。

アイシングクッキー　塗り方の基本

アイシングクッキーの基礎となる塗り方を練習しましょう。

⚜ 材料：ロイヤルアイシング（かため・ゆるめ）

動画で
チェック ▶▶

1 かためのアイシングを入れたコルネは先端を細めにカットし、ゆるめのアイシングを入れたコルネは先端を太めにカットする。

2 クッキーの周囲を縁どるようにかためのアイシングで線を描く。このとき、コルネはまっすぐ立てて動かす。

3 カーブするときは、コルネを持ち上げながら2〜3cm高い場所から描く。回転台を使用し、台を回しながら調整するとよい。

4 コルネの先端を回転させながら、ゆるめのアイシングを流し込む。

5 塗り終えて泡が入っていたらステンレスツールなどでつぶし、しっかり乾燥させる。フードドライヤーを使用すると早く乾燥するので便利。

Point

ここでは線描きをかため、流し込みにゆるめのアイシングを使っていますが、中間のかたさのアイシングを絞り袋にそのままつめて、線描きと流し込みをしてクッキーのベースを塗ることもできます。コルネを作らなくても気軽にアイシングができますよ。アメリカやイギリスでは一般的なアイシングの方法になります。中間のかたさのアイシングは、水分が少ないので乾くのが早く、アイシングが陥没しにくく、ぷっくり感が出せるメリットもあります。

1章　お花絞りの基礎

仕上げのペインティング

絞ったお花はそのままでも素敵ですが、着色することでよりリアルに近づけることができます。

※ 本書では無色透明なアルコールとしてジンまたはウォッカを使用しています。ジン、ウォッカはアルコール度数が40％以上あり、アルコール成分の揮発性に優れています。乾燥後はアルコール成分は抜けますのでお子さまでも食べられます。着色したフラワーパーツはしっかり乾燥させてから使用しましょう。

⚜ 用意するもの ：食用色素、透明のアルコール（ジン・ウォッカなど）

1 アルコールに食用色素を混ぜる。食用色素はごく少量でOK。

2 乾いたパーツに筆で着色をする。※ホソジマ製の食品対応の細筆を使用。

3 完成。

ロイヤルアイシングに着色する

アイシングに食用色素で色をつけます（白いお花用のアイシングは食用色素を加えず使用します）。
どのかたさのアイシングでも方法は同じです。

1 つまようじに食用色素をとり、アイシングにつける。

2 カラーが全体になじむまでスプーンなどで混ぜる。

Point 食用色素は少しでもじゅうぶんに色がつきます。一気にたくさん入れず、少しずつ足すようにしましょう。

マーブル状に着色する場合

1 2色のアイシングを用意する。

2 ひとつのボウルに合わせる。

3 マーブル状になるように混ぜる。混ぜすぎないように注意。

食用色素（ウィルトン社製）のカラーバリエーション

・本書で使用している食用色素は主に以下の15色。　単色で使うほか、組み合わせて次ページのような色を作ります。

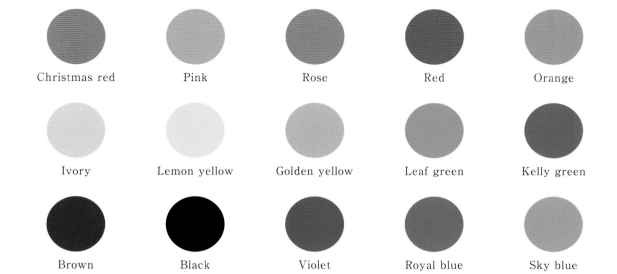

Christmas red	Pink	Rose	Red	Orange
Ivory	Lemon yellow	Golden yellow	Leaf green	Kelly green
Brown	Black	Violet	Royal blue	Sky blue

この本で使う混色

・各作品の作り方ページとリンクしています（ピンクの100％を使用なら、ピンク−①と表記）。
・基本カラーを100％とし、白いアイシングを足すことで濃淡をつけています。
・色目を落ち着かせたいときは、少しブラウンを足します。
・スモーキーカラーを作りたいときは、ブラックを少し加えます。
・この表は目安ですので、写真や表を見ながら適宜色を調整してみてください。

ピンク 〈Pink 3：Red（no_taste）1〉

① 100％　② 75％　③ 50％　④ 25％

サーモンピンク 〈Cristmas red 5：Golden yellow 1〉

① 100％　② 75％　③ 50％　④ 25％

コーラルピンク 〈Cristmas red 5：Rose 1：Brown 1〉

① 100％　② 75％　③ 50％　④ 25％

イエロー 〈Golden yellow 6：Brown 1〉

① 100％　② 75％　③ 50％　④ 25％

グリーン 〈Kelly green 5：Black 1〉

① 100％　② 75％　③ 50％　④ 25％

ライトグリーン 〈Leaf green 6：Brown 1〉

① 100％　② 75％　③ 50％　④ 25％

モスグリーン 〈Leaf green 7：Black 1〉

① 100％　② 75％　③ 50％　④ 25％

ラベンダー 〈Violet 6：Pink 1〉

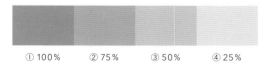

① 100％　② 75％　③ 50％　④ 25％

ブルーバイオレット 〈Violet 4：Royal blue 1〉

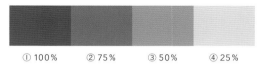

① 100％　② 75％　③ 50％　④ 25％

ブルー 〈Royal blue 4：Violet 1〉

① 100％　② 75％　③ 50％　④ 25％

グレイッシュブルー 〈Sky blue 4：Violet 1〉

① 100％　② 75％　③ 50％　④ 25％

ピーチ 〈Orange 6：Cristmas red 1〉

① 100％　② 75％　③ 50％　④ 25％

アイボリー 〈Ivory 6：Brown 1〉

① 100％　② 75％　③ 50％　④ 25％

ブラウン 〈Brown 6：Black 1〉

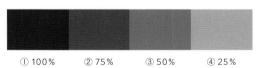

① 100％　② 75％　③ 50％　④ 25％

プレーンクッキーの作り方

アイシングクッキーの土台となります。

❧ 材　料：無塩バター 100g、粉糖70g、塩1g、全卵30g、バニラエッセンス 少々、薄力粉230g
❧ 下準備：バター・卵は室温にもどす。薄力粉はふるっておく。

1　無塩バターをボウルに入れ、泡立て器でやわらかくなるまでほぐす。

2　1に粉糖、塩を加えてすり混ぜる。

3　クリーム状になったところ。

4　全卵をほぐし、少しずつ3に加え入れ、しっかり混ぜる。

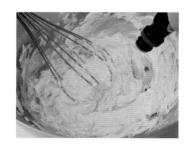

5　バニラエッセンスを加えて混ぜる。

6　しっかり混ざったら薄力粉3分の1を加え、さらに混ぜる。よく混ざったら残りの薄力粉を加えて混ぜる。

7　全体的に粉っぽさがなくなればOK。

8　軽く手でこねて、まとめる。

9　生地をジッパー付き袋に入れ、両サイドに3〜4mmのルーラーを置いた状態でめん棒を使って伸ばす。

10　空気が入った部分はステンレス
　　ツールなどを使用して、穴をあ
　　ける。

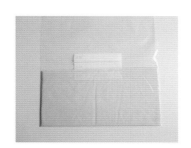

11　シート状になったら冷蔵庫で
　　30分ほど休ませる。

12　ジッパー付き袋を切り開き両面
　　に強力粉をはたく。
　　※打ち粉は強力粉がおすすめ。
　　茶こしパックに入れるときれい
　　にはたけます。

13　型抜きをする。

14　クッキングシートまたはシルパ
　　ンの上に並べ、160℃に余熱し
　　たオーブンで16分程度焼く。
　　※焼く温度と時間はオーブンの
　　メーカーにより異なります。ご自
　　身のオーブンの適正温度を把握
　　しましょう。

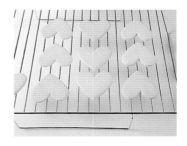

15　焼き上がったクッキーはケーキ
　　クーラーの上に置いて冷ます。

保存

クッキー生地は11の
シートの状態で密封
して冷凍保存できる
（約2週間）。冷蔵庫
にうつして解凍してか
ら使用する。

Attention!

型抜きをして余った生地を再度まとめると2番生地、3番
組生地として使用できます。
2番生地はグルテンの強度が高くなり、そのまま伸ばして
焼くと表面に空気が入りやすく、凸凹した表面になります。
2番生地をきれいに焼くためには、型抜きをした生地に少
し薄力粉を足して揉み込んでから伸ばして焼くと、新しい
薄力粉が加わる事で表面の凸凹防止になります。
3番生地以降は少量でしたら、新しく作る生地に混ぜ込む
方法もおすすめです。

2章

はじめてのお花絞り

お花絞りでは、口金を使うのが基本です。
星型の口金で簡単に絞れるローズをご紹介しますので、
初心者さんはまずここからトライしてみましょう。

口金の種類と絞り袋

お花絞りに欠かせない口金。本書では以下の9種類の口金を使っています。

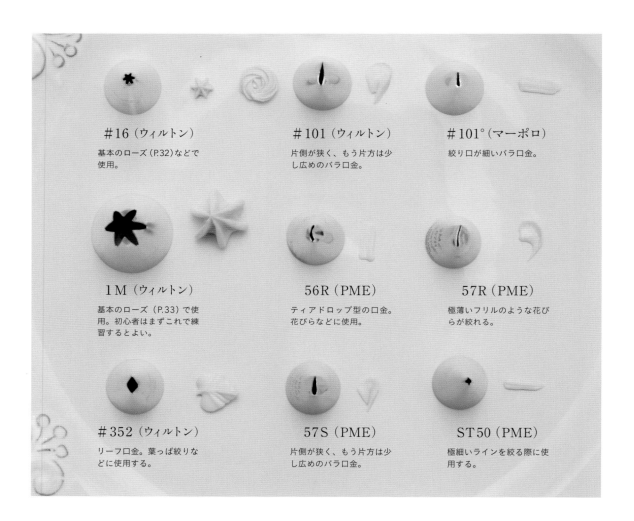

#16（ウィルトン）
基本のローズ（P.32）などで使用。

#101（ウィルトン）
片側が狭く、もう片方は少し広めのバラ口金。

#101°（マーポロ）
絞り口が細いバラ口金。

1M（ウィルトン）
基本のローズ（P.33）で使用。初心者はまずこれで練習するとよい。

56R（PME）
ティアドロップ型の口金。花びらなどに使用。

57R（PME）
極薄いフリルのような花びらが絞れる。

#352（ウィルトン）
リーフ口金。葉っぱ絞りなどに使用する。

57S（PME）
片側が狭く、もう片方は少し広めのバラ口金。

ST50（PME）
極細いラインを絞る際に使用する。

口金のチューニング

口金の幅が狭いほど、繊細なお花を絞ることができます。
口金の幅が広いときは、狭めるために「チューニング」をしましょう。
ただし、しめすぎるとアイシングがつまって絞りにくくなるので、注意が必要です。
5章のリアルなお花絞りで使用する口金は、すべてチューニング済みです。

ペンチを用意し、口金に合わせてセットする。口金がつぶれてしまわないよう、少しずつ力を入れる。

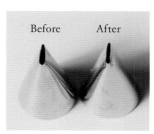

Before　　After

左側が手を加えていない口金、右側はチューニング済みの口金。チューニングはこれくらいを目安に。

口金のセットの仕方

絞り袋に口金をセットする際の基本です。

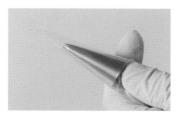

1　口金を絞り袋の先端に入れる。

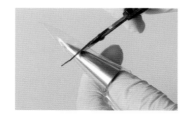

2　口金の先端から1cmくらいのところを目安にしるしをつける。

3　2で目安にした部分をカットして、先端に口金をセットする。

4　口金をつけた絞り袋をグラスなどに立てて口を広げ、アイシングを入れる。

5　スケッパーなどでアイシングを先端へおろす。

6　袋の口を結ぶなどして留め、余分はカットする。

7　絞り袋につめ終わったところ。

絞り袋の持ち方

絞り袋に口金をセットして、アイシングをつめたら、お花や葉っぱを絞ってみましょう。
ただし、正しい持ち方をしないと余計な力が入ってしまうので注意しましょう。
絞り袋に入れるアイシングの量は50g程度が適量。多すぎると絞りにくくなります。

OK

袋の端ではなく、握りやすい位置を持つ。袋の後ろを結んであるので、アイシングがもれることなく絞れる。

NG

つめたアイシングの上を持つと、余計な力を使ってしまう。

フラワーネイルの使い方

お花絞りをする際は、フラワーネイルが欠かせません。
ここではフラワーネイルのセッティング方法と使い方を紹介します。

🌸 用意するもの：フラワーネイル、フラワーネイルスタンド、
カットしたクッキングシート
（約1.5～2cm角。大きすぎるとお花が大きくなるので絞りたい花の直径プラス0.5cmくらいの正方形で準備する）、
粘着シート、ガイドシート

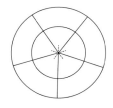

1　ガイドシートを用意する（上の図は実物大）。

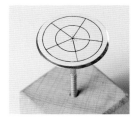

2　ガイドシートを丸くカットし、フラワーネイルに貼る。
※シールになっているものも便利。

3　2の上に粘着シートを貼る。

4　カットしたクッキングシートを貼る。粘着シートの角とずらすようにするのがポイント。粘着シートがない場合は、アイシングを少し絞ってクッキングシートを貼りつける。

基本の絞り方

フラワーネイルを使うときの基本の絞り方です。

1　脇をしめてフラワーネイルが正面にくるようにし、上面が見えるように持つ。

2　基本は水平になるように持つが、花びらに角度をつけたいときは傾けるなどして調節する。

| Point |

OK
フラワーネイルは、下から3分の1あたりを持つ。

NG
つけ根を持ってしまうと、フラワーネイルをうまく回すことができない。

お花絞りの作り方ページの見方

用意するもの

- **アイシングの種類**…本書では3種類のアイシングを使い分けています。レシピや作り方はそれぞれのアイシングのページをご覧ください。
  ① ロイヤルアイシング（P.16）：線描きやベースの流し込み、花芯のドットやパーツの装着など
  ② 基本のお花絞り用ロイヤルアイシング（P.17）…初心者向けの絞りやすいアイシング
  ③ リアルなお花絞り用ロイヤルアイシング（P.58）…ダレずに美しいお花が絞れるアイシング
  ※本書では一部「ロイヤルアイシング」を「アイシング」と略しています。
- **アイシングの色**…メインとなるお花の色はP.21のカラーチャートとリンクしています（例：ピンク－①→ P.21のピンク100％を使用）。葉っぱの色、飾りのパーツなどは好みの色でお楽しみください。
- **絞り袋とコルネ**…着色したアイシングは、絞り袋またはコルネにつめます。色名の後に〈 〉で記しています。
- **口金の種類**…口金を使用する際は、型番を表記しています。本書で使用している口金はP.28に掲載しています。

アップルブロッサム

♣ 用意するもの
- 基本のお花絞り用アイシング
  （花びら：白〈絞り袋につめる〉、
  花芯：イエロー－③〈コルネにつめる〉）
- 口金＃101（ウィルトン）

動画で
◀▶ チェック

実物大

Process

1 フラワーネイルにクッキングシートを貼る。口金の太いほうを手前にして中心に置き、細いほうは少し浮かせるように角度をつける。

2 口金は直線上の動き。絞りながら向こうに行って戻るように動かしながら、フラワーネイルを反時計回りに1/5回転する（ガイドシートのラインを目安に）。

3 絞り終わりは力を抜いてスッと手前に切るように。1枚目のすぐ横に口金をさして、同様に2枚目を絞る。

二次元コード

スマートフォンなどで読み取ると、作り方動画を見ることができます。

作り方工程

お花絞りの工程を写真で説明しています。クッキーが土台となる場合は、お手持ちのクッキー型を利用して、お好みでお花や葉っぱを配置して楽しみましょう。

実物大写真

お花絞りの実物大写真です。これを目安に練習してください（写真は切り抜き写真です）。

基本のローズ（ロザス絞り）

❋ 用意するもの

・ 基本のお花絞り用アイシング
  （ローズ：ピンク−①、葉・飾り：好みの色
  〈それぞれ絞り袋につめる〉）
・ 口金＃16（ウィルトン）
・ 口金＃352（ウィルトン）
・ アイシングしたクッキー

実物大

Process

1 クッキーに対して垂直になるように口金＃16をつけた絞り袋を持ち、押し付けるように絞り出す。

2 絞り始めた部分の外側をぐるりと巻くように1周する。

3 絞り終わりは力を抜きながら手前にスッとひく。必要なら筆で形をととのえる。

4 クッキーの上に直接絞る場合も同様にする。2周すると大きな花になる。

5 ローズの縁に押し付けるようにして口金＃352で葉を絞る（基本の葉っぱP.42参照）。

6 葉先は斜め上方向にスッと抜くようにする。

7 同じようにしてもう1枚の葉を絞る。

8 口金＃16で水色の小花を絞ると華やかに。

Arrange

星型の口金は、押しつけて離すだけでも飾りが絞れる。華やかさをプラスしたいときに◎。

素焼きのクッキーに絞る
基本のローズ

✤ 用意するもの

- 素焼きのクッキーに生の卵白をハケで薄く塗り、
  160℃で1～2分焼いたもの
  （これをすることでアイシングが外れにくくなる）
- 基本のお花絞り用アイシング
  （ローズ：ピンク－①、
  　葉：好みの色
  　〈それぞれ絞り袋に
  　つめる〉）
- 口金1M（ウィルトン）
- 口金＃352（ウィルトン）

実物大

Process

1
口金1Mが垂直になるようにし、クッキーの中心から押し付けるようにして絞り出す。

2
のの字を描くように巻き始める。

3
ぐるりと巻くように絞る。

4
途中で力を抜くと切れてしまうので注意。均等な力をかけながら絞っていく。

5
絞り終わりは、力を抜きながら手前にスッとひく。

6
ローズが絞れたところ。必要なら巻き終わりを筆でととのえる。口金＃352でギザギザの葉っぱ（P.43参照）を絞るとかわいい。

3章

基本のお花絞り

この章で紹介するお花絞りは、
しずく型のバラ口金を使うのが基本です。
まずはすべての基礎となるアップルブロッサムから
練習をはじめましょう。

アップルブロッサム

❀ 用意するもの

- 基本のお花絞り用アイシング
  （花びら：白〈絞り袋につめる〉、
  花芯：イエロー－③〈コルネにつめる〉）
- 口金 #101（ウィルトン）

実物大

動画で
◀◀ チェック

Process

1　フラワーネイルにクッキングシートを貼る。口金の太いほうを手前にして中心に置き、細いほうは少し浮かせるように角度をつける。

2　口金は直線上の動き。絞りながら向こうに行って戻るように動かしながら、フラワーネイルを反時計周りに1/5回転する（ガイドシートのラインを目安に）。

3　絞り終わりは力を抜いてスッと手前に切るように。1枚目のすぐ横に口金をさし込んで、同様に2枚目を絞る。

4　3枚目の花びらも同様に絞る。

5　同様に花びらを全部で5枚絞る。

6　花芯はコルネに入れたイエローのアイシングでドットを打つ。

7　乾燥させたら完成。

デイジー

✿ 用意するもの

・ 基本のお花絞り用アイシング
　（花びら：白〈絞り袋につめる〉、
　花芯：イエロー－③〈コルネにつめる〉）

・ 口金 #101（ウィルトン）

実物大

動画で
◀◀ チェック

Process

1
口金の太いほうを手前にして中心から少し向こうに置き、絞りながら中心に向かって押しつけるように動かし、細い花びらを作る。

2
同様に、前に絞った花びらの隣に絞っていく。押しつけるように絞るのがポイント。絞ってからフラワーネイルを左に少し回し、同様に細い花びらを絞る。

3
最後まで同様に絞る。花びらは9〜12枚くらいが目安。サイズによって枚数は異なる。

4
中央に穴があいてしまった場合は、筆でととのえてふさぐ。

5
花芯はコルネに入れたイエローのアイシングで少しずつドットを打って、大きめの円になるように重ねる。

6
乾燥させて完成。

桜 草

✿ 用意するもの

- 基本のお花絞り用アイシング（花弁：サーモンピンクー③〈絞り袋につめる〉、花びら：イエローー③〈コルネにつめる〉）
  口金 #101（ウィルトン）
-

実物大

動画で
チェック ▶▶

Process

1　口金の太いほうを手前に中心に置き、細い方は少し浮かせるように角度をつける。

2　ハートを描くように1枚ずつ花びらを絞る。口金は直線上の動きで、花びら1枚を絞る間にフラワーネイルは左に1/5回す。

3　1枚目のすぐ横に口金をさし込み、同様に2枚目を絞る。輪郭側に高さが出るように意識する。

4　5枚の花びらを絞る。

5　中央に穴があいてしまったら、筆でととのえる。

6　イエローのアイシングで中央に花芯をドットで打つ。

7　乾燥させて完成。

Point

大きなハートを描こうとせず、口金は直線上に前後に動かすことを意識します。フラワーネイルを回し、常に絞りたい部分がフラワーネイルの12時の位置にくるようにしましょう。

ひまわり

❀ 用意するもの

- 基本のお花絞り用アイシング（花びら：イエロー－③〈絞り袋につめる〉、花芯：ブラウン－②〈コルネにつめる〉）
- 口金56R（PME）

実物大

動画で
チェック ▶▶

Process

1　イエローは口金をつけた絞り袋、花芯用のブラウンはコルネにつめる。

2　花芯となる部分にブラウンのアイシングを絞る。高さ2mmで真ん丸になるようにする。

3　口金は山を下に向け、花芯につけるように絞り始め、中心から外側に向かって絞る。絞り終わりはスッと力を抜いて切る。

4　1段目を7枚絞り終わったら、花びらと花びらの間を埋めるように2段目を絞る。

5　2段目は抜くときに角度をつけて1段目よりも立ち上がるように絞る。同様に3段目も絞る。

6　2で絞ったブラウンの上に、ブラウンで花芯のドットを打つ。

7　土台を埋めるようにドットを打っていく。

8　乾燥させて完成。

39

ビオラ

用意するもの

- 基本のお花絞り用アイシング
  （花びら：ラベンダー－②×白
  〈絞り袋につめる〉、
  花芯：イエロー－③〈コルネにつめる〉）
- 口金＃101（ウィルトン）
- 透明のアルコールに溶いた食用色素
  （バイオレット）

実物大

Process

1 花びら用のアイシングは、ラベンダーと白が半々になるように絞り袋にセットする。

2 1の口をカットして、口金をセットした絞り袋に入れる。口金の細いほうからラベンダーが出るように向きを調整する。

3 フラワーネイルの中心に土台を絞る。

4 土台の12時の位置に、アップルブロッサムと同じ要領で花びらを2枚絞る。

5 4の右サイドに細長い花びらを1枚絞る。

6 口金を前後に動かしながら、フリルのような大きな花びらを1枚絞る。

7 最後に6の横に細長い花びらを1枚絞る。

8 花びらが全部絞れたら、乾燥させる。

9 アルコールで溶いた紫の食用色素を細筆につけてラインを描く。乾いたらイエローのアイシングで中心に下からティアドロップを絞る。

ローズ

✿ 用意するもの

・ 基本のお花絞り用アイシング
　（ピンク－④〈絞り袋につめる〉）
　※ローズは、かためのアイシングに
　　するため、基本のお花絞り用アイシング
　　50gに対して4～5gの粉糖を加える。
・ 口金 #101（ウィルトン）

 動画で
◀◀ チェック

実物大

Process

1　口金を垂直に持ち、1cm幅で上に折り重ねるように3段程絞る。

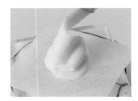

2　口金の太いほうを手前にして土台の中心に垂直にさし込み、絞りながら上に引き上げて絞り、フラワーネイルを回して円錐形の花芯を作る。

3　円錐形の絞り終わりは、フラワーネイル近くの下で終わるように動かす。

4　口金の細いほうを上に垂直にして、花芯を包むように短い花びらを3枚絞る。

5　ここで終わるとつぼみになる。

6　花びらと花びらの間を埋めるように、次の花びらを3枚絞る。

7　さらに外側に5枚バランスよく、真上から見て丸くなるように花びらを絞る。

8　口金の先を外側に向けて絞ると花びらが開く。

9　花芯1→花びら3枚→3枚→5枚と法則に従って絞ると美しいローズになる。

10　乾燥させて完成。

クッキーの上に絞る
基本の葉っぱ

❋ 用意するもの

・ ロイヤルアイシング〈かため〉
　（好みのグリーン〈コルネにつめる〉）

実物大

Process

1
グリーンのアイシングを
コルネにつめ、先端をU
字にカットする。

2
コルネの先端を押しつけ、
力を抜きながらまっすぐ
右にスッと引く。

Arrange

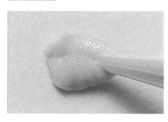

コルネをV字にカットし、
1〜2と同様に絞る。

V字カットの方法は
P.55 1〜2参照。

まっすぐな
葉っぱが絞れる。

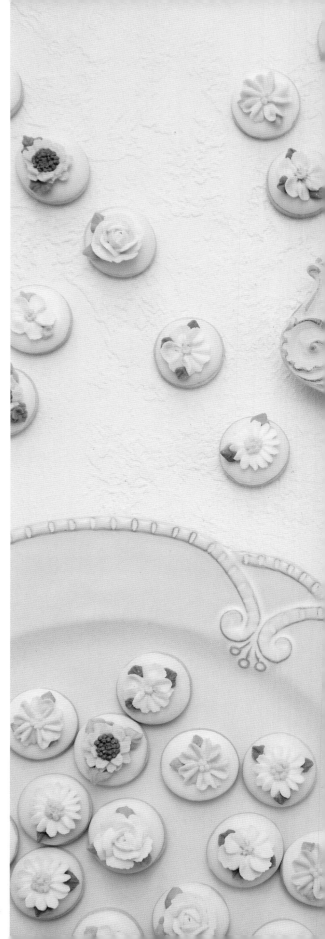

クッキーの上に絞る

ギザギザの葉っぱ

✽ 用意するもの

- ロイヤルアイシング〈かため〉
  （好みのグリーン〈コルネにつめる〉）

実物大

Process

1

グリーンのアイシングを
コルネにつめ、先端をV
字にカットする。

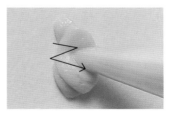

2

コルネの先端を押しつけ、
少し出しては戻すを繰り
返す。

3

最後は力を抜きながら斜
め上方向にスッと引く。

形をきれいにしたい
ときには、乾燥させ
る前に筆で表面をと
とのえる。

| Point |

アイシングはグリーンに
イエローやブラウンを混
ぜ、マーブル状に着色し
てコルネにつめるとより
リアルです。

多肉植物

コルネを使って絞る多肉植物は、
本物と見分けがつかないくらいにリアルです。
ミニチュアサイズで多肉植物の世界を
楽しんでください。

4章

多肉植物用クッキーの作り方

多肉植物の鉢の部分になるクッキーです。

実物大

🌿 材料（約16個分）

全卵40g、バター30g、太白ごま油50g、
粉糖70g、塩1g、薄力粉200g、製菓用紅茶パウダー5g
※紅茶パウダーをココアパウダーや抹茶パウダーに変更してアレンジ可能。

生地の作り方

1　ボウルに全卵と常温に戻したバター、太白ごま油、粉糖、塩を入れしっかり混ぜる。

2　薄力粉、紅茶パウダーをふるって1に加え、しっかりと混ぜる。

3　厚さ1cmのシート状にし、冷蔵庫に入れて30分ほど休ませる。

生地の抜き方

1　冷蔵庫で30分ほど休ませた生地を用意する。

2　直径約2.5cmの丸型で生地を抜く。

3　丸型は下までしっかりと押し込む。

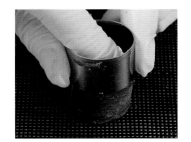

4　型から抜いてオーブンシートの上に置く。

5　余ったクッキー生地を2〜3mm厚さのシート状に伸ばし、同じ型で抜く。

6　5をひと回り小さい丸型で抜く。4と共に160℃に予熱したオーブンで15分焼く。

組み立て方

1　土台のクッキーと輪のクッキー、コルネにつめたブ
　　ラウンのアイシング（中間）を用意する。

2　土台のクッキーにアイシングを絞る。外側3mmは
　　あけて、中心に向かって絞る。

3　中心が盛り上がるように絞ったら、輪のクッキーを
　　のせる。

4　アイシングが乾かないうちに輪の中に多肉のパーツ
　　をのせて組み立てる。

4章　多肉植物

多肉植物の仕上げの着色について

白の食用色素
（ウィルトン社）

液体状ですが、他の食用色
素と同様に少量のアルコー
ルで溶いて薄めて使用しま
す。先の細い筆を使って、
細かい模様をランダムに描
くようにします。

茶色で着色

仕上げに多肉の葉っぱの先
に、赤茶色または茶色で着
色してよりリアル感を出し
ています。筆に色をとった
らパレットのふちで余分を
落とし、濃くつきすぎない
ように少しずつ色をつけて
いくのがポイントです。

キンエボシ

用意するもの

- ロイヤルアイシング〈かため〉
（ライトグリーン−②〈コルネにつめる〉）
- 透明のアルコールに溶いた食用色素（白）

実物大

Process

1　グリーンのアイシングをコルネにつめ、先端が4〜5mmになるように平行にカットする。

2　クッキングシートの上にコルネの先端をつけ、動かさずに大きなドットを絞る。

3　力をゆるめながらまっすぐ下におろし、クッキングシートにすりつけて大きなティアドロップを絞る。

4　筆先がととのった筆で、表面をととのえる。

5　コブの部分になる大きなドットを絞る。

6　4と同様に、筆で表面をととのえる。

7　乾燥させたら、アルコールに溶いた食用色素で小さなドットを描く。ランダムな模様にするとよりリアル。

8　土台にさし込んで組み立てる。

9　同じようにして作ったもうひとつのパーツもさし込んで組み立てる。

スミエボシ

✼ 用意するもの

・ ロイヤルアイシング〈かため〉
　（グリーン−①〈コルネにつめる〉）
・ 透明のアルコールに溶いた食用色素（白）

実物大

Process

1　コルネの先端は4〜5mmになるように平行にカットする。クッキングシートの上にコルネの先端をつけ、大きなドットを絞る。

2　キンエボシ（P.48）と同様に大きなティアドロップを絞り、表面を筆でととのえる。

3　2の右側にやや大きめにドットを打ち、2のほうに向かって引く。

4　左側も同様にする。

5　絞り終えたところ。

6　筆で、表面をなじませる。

7　乾燥させたら、アルコールに溶いた食用色素で小さなドットを描く。

8　作ったパーツを土台にさし込んで組み立てる。

Point

表面をととのえるのに使用する筆は、水をつけた後にしっかり水分をふきとりましょう。筆先がととのっていれば、乾いた状態でも大丈夫です。

49

パキベリア

✽ 用意するもの

・ ロイヤルアイシング〈かため〉（ライトグリーン −④〈コルネにつめる〉）
・ 透明のアルコールに溶いた食用色素（クリスマスレッド ＋ ブラウン）

実物大

Process

1　コルネは先端が幅 3〜4mm になる
　　ようまっすぐカットする。

2　クッキングシートの上にコルネの先
　　端をつけ、大きめのティアドロップ
　　を絞る。

3　長さ 6mm くらいのティアドロップ形
　　のパーツを 5 枚絞る。

4　同様に長さ 1cm と 1.2cm のパーツ
　　を各 4 枚絞り、すべて乾燥させる。

5　クッキングシートの上に高さ 7mm の
　　円錐形を絞って土台にする。土台を
　　囲むように下から 1.2cm のパーツを
　　並べていく。

6　葉の間を埋めるように、2 段目には
　　1cm のパーツ、3 段目には 6mm の
　　パーツをさし込む。

7　アルコールに溶いた食用色素で先端
　　を着色する。

8　乾燥させて完成。

アロエ

実物大

❀ 用意するもの

・ ロイヤルアイシング〈かXXXXXXXX〉（ライトグリーン−①〈コルネにつめる〉）
・ 透明のアルコールに溶いた食用色素（白）

Process

1

コルネの先端を3〜4mmにまっすぐカットする。フラワーネイルにセットしたクッキングシートの上に先端を押しつけて大きなドットを絞り、力を抜きながらまっすぐ上に引き上げる。

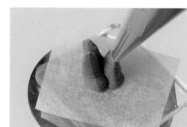

2

同様にサイドにも葉を絞る。

3

同じ方法で周囲に葉を絞っていく。10〜12本絞る。

4

このくらいの量になればOK。乾燥させる。

5

アルコールに溶いた食用色素でボーダーを描く。

6

中央におさまるようにさし込む。

51

ハオルチア

✤ 用意するもの

・ ロイヤルアイシング〈かため〉
　（ライトグリーン－③〈コルネにつめる〉）
・ 透明のアルコールに溶いた食用色素（ブラウン）

実物大

Process

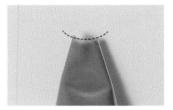

1　グリーンのアイシングをコルネにつめ、先端を逆 U 字になるようにカットする。

2　フラワーネイルにセットしたクッキングシートの中心に円錐形の土台を絞る。

3　土台のまわりに下から円錐形を絞っていく。コルネの先を土台につけて絞り、低い位置でスッと引き抜くように。

4　下から 5 枚→ 4 枚→ 3 枚→ 1 枚絞る。

5　フラワーネイルを回しながら葉と葉の間に同じ方法で絞っていく。

6　同様に絞っていき、内側が高くなるようにする。

7　絞り終えたところ。乾燥させる。

8　好みで、透明のアルコールに溶いた食用色素で着色する。

9　乾燥後、土台にのせて完成。

エケベリア

✿ 用意するもの

・ ロイヤルアイシング〈かため〉
　（ライトグリーン−②〈コルネにつめる〉）
・ 透明のアルコールに溶いた食用色素（ブラウン）

実物大

Process

1
コルネの先端をU字
にカットする。

2
フラワーネイルに
セットしたクッキン
グシートの中心に円
錐形の土台を絞る。

3
土台の周囲に葉を絞
る。コルネの先を土
台につけて絞り、低
い位置でスッと引き
抜く。

4
フラワーネイルを回
しながら土台の周囲
に絞ったら、2段目
以降も葉と葉の間に
絞っていく。

5
土台の周りに下から
5枚→4枚→3枚→
1枚絞る。好みで透
明のアルコールに溶
いた食用色素で着色
する。

6
乾燥後、土台にのせ
て完成。

4章　多肉植物

ピンクプリティ

✿ 用意するもの

・ ロイヤルアイシング〈かため〉（サーモンピンク－③〈コルネにつめる〉）
・ 透明のアルコールに溶いた食用色素（クリスマスレッド＋ブラウン）

（実物大）

Process

1 コルネの先端をU字にカットする。

2 クッキングシートの上にコルネの先端を押しつけてドットを絞り、力を抜きながら右にスッと引く。

3 5mmと8mmの大きさのものを15～18枚ほど絞る。

4 乾燥させて、葉のパーツを用意する。パーツは大きさを選んで組み立てるので、多めに作っておく。

5 クッキングシートの上に土台になるアイシングを高さ1cmのドーム型に絞る。

6 土台の周りに下からパーツを貼りつけていく。

7 1周目は大きなパーツを5枚並べる。

8 2周目は1周目のパーツの間にくるように小さいパーツを4枚並べる。

9 中心にさらに土台となるアイシングを絞る。

10 9の周囲に3枚の小さいパーツを並べ、頂点に1枚さし込む。

11 乾燥させたら、アルコールに溶いた食用色素で着色する。

12 土台にのせて完成。

クロペクトタルム

✿ 用意するもの

- ロイヤルアイシング〈かため〉（サーモンピンク−③〈コルネにつめる〉）
- 透明のアルコールに溶いた食用色素（クリスマスレッド＋ブラウン）

実物大

Process

1 コルネの先端を斜めにカットする。

2 ひっくり返して反対側からも斜めにカットする。

3 V字にカットできたところ。

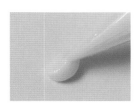

4 クッキングシートの上にコルネの先端をつけて、細長い葉っぱ絞りをする。

5 力を抜きながら右にスッと引いて切る。

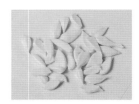

6 長さ1cmと1.5cmのものを8〜10個ずつ絞り、乾燥させて、葉のパーツを多めに用意する。

7 クッキングシートの上に土台になるアイシングを高さ1cmに絞る。

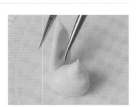

8 土台の周りに外側から大きいパーツを立てるようにして5〜6枚並べる。

9 1周したら内側に、1周目の葉と葉の間になるように小さいパーツを並べていく。

10 乾燥させたら、アルコールに溶いた食用色素で着色する。

11 土台にのせて完成。

4章 多肉植物

5章
リアルなお花絞り

まるで本物のような、リアルなお花を絞ります。
少し上級編ですが、
楽しみながらトライしてみてください。

bloom in grace

リアルなお花絞り用ロイヤルアイシングの作り方

リアルなお花絞りで使うロイヤルアイシングは、
基本のお花絞り用ロイヤルアイシングとは少し作り方が異なります。
着色方法は P.20 を参照してください。

「基本のお花絞り用」(P.17) と「リアルなお花絞り用」 ロイヤルアイシングのレシピの違いについて

「基本のお花絞り用ロイヤルアイシング」のレシピは、初心者の方でも絞りやすい事を基本に練習用に作られています。

一般的にはお花絞り用のアイシングは、ダレるとお花の形が崩れるため、かために作ることが多いのですが、かたすぎるアイシングは握力も必要で絞りにくいため、クリームのかたさのせいでうまくいかず、お花絞りに苦手意識を持つ方も多いのです。

本書では、メレンゲの特徴を生かし、最初に粉糖に対して多めの水分を入れ、しっかりメレンゲが泡立つように攪拌し、ふわふわのアイシングを作って後から粉糖を足すことで、やわらかくて絞りやすいのに、ベタつきにくいお花絞り用のアイシングに仕上げています。

「リアルなお花絞り用ロイヤルアイシング」は、さらにコーンスターチの配合を増やす事で、一枚一枚の花びらがダレずに絞りやすいアイシングになり、また速乾性があるので、ダレずに美しい花が絞れます。本書掲載の基本のお花絞りも「リアルなお花絞り用ロイヤルアイシング」で絞るとさらに繊細で美しいお花が絞れます。

また、17ページにも記載しましたが、その日の湿度や体温によりかたさの調整は必要です。たくさん経験を積んで自分が絞りやすいかたさを把握する事も大切です。2種類のお花絞り用のアイシングクリームの特徴を生かして、お花絞りを楽しんでください。

❧ 材料 : コーンスターチ入り粉糖200g、あとから入れる粉糖60g、
メレンゲパウダー (ウィルトン) 15g、水40g、コーンスターチ15g
※コーンスターチは加熱せずに食べられます。

1 材料を準備する。

2 粉糖200gにメレンゲパウダーを入れて混ぜる。

3 2に水を加える。

4 粉が飛び散らないように泡立て器などで軽く混ぜてなじませる。

5 なじんだらスタンドミキサーなどで2分ほど攪拌する。

6 ツノが立つかたさになったらOK。

7 粉糖60gを入れて混ぜる。

8 コーンスターチを入れ、ゴムベラなどでさらに混ぜる。

9 スタンドミキサーなどで1分ほど混ぜる。

10 ツノがしっかりと立つかたさになったら完成。

Point

リアルなお花絞り用のアイシングはほかのものに比べてかたくて重め。そのため、スタンドミキサーなどパワーがあるものを使うとスムーズに仕上がります。湿度などにより、やわらかい場合には粉糖を少しずつ足して調整してください。

保 存

「お花絞り用ロイヤルアイシング」や「リアルなお花絞り用ロイヤルアイシング」はできるだけ湿度や乾燥の影響を受けないように下のようにしっかり覆って保存します。
保存したものを使うときは、しっかり練り直し、再度かたさの確認をしてから絞り袋に入れます。
冷蔵庫で1週間、冷凍庫で2週間を目安に保存できます。

1 練り上がったアイシングを容器に入れる。

2 蓋、またはラップをする。

3 濡らしたダスターで蓋をした上から覆う。

4 ダスターが乾燥しないように、上からさらにラップで覆う。

デコレーション用パーツの作り方

リアルなお花絞りやデコレーションに欠かせない
「花粉」「葉っぱ」パーツの作り方を紹介します。

花 粉　✲ 用意するもの

・ロイヤルアイシング〈かため〉　・食用色素（ゴールデンイエロー・ブラウン他、好みの色）

1　イエローのアイシングを作り、ブラウンの着色料を少しだけ足して、ブラウンが少し残る程度に混ぜる。

2　クッキングシートの上にアイシングをのせる。

3　パレットナイフでアイシングを薄く伸ばす。

4　少し湿り気が残る程度までフードドライヤーで乾燥させる。

5　乾燥したら大きめに割る。

6　5を厚手のポリ袋に入れる。

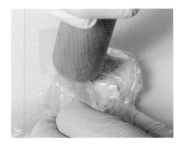

7　袋の上からめん棒で叩いて細かく砕く。乾燥剤と一緒に密封して、常温で1ヵ月保存可能。

8　小さなガラス容器などに取り出して使用する。

Arrange

ブラウンやグリーンのアイシングで作るとバリエーションが広がります。花に合わせた色の花粉を作ってみましょう。

口金で絞る 葉っぱパーツ

🌿 用意するもの
・リアルなお花絞り用アイシング（好みのグリーン2色〈絞り袋につめる〉）
・口金 ＃101（ウィルトン）

1　単色にならないよう、グリーンの濃淡2色のアイシングを絞り袋に入れる。

2　絞り袋の上から手でもんで色をなじませる。

実物大

※パーツの葉はすべてクッキングシートの上に絞ります。

ストレートの葉っぱ

1　口金の太いほうは常に葉の中心線上にあるようにし、左半分を下から上に向かって絞る。口金の細いほうの角度が8時から12時の方向に動く。

2　右半分は口金の細いほうが12時から4時の方向になるように上から下におりる。

3　乾燥させたら完成。

ギザギザの葉っぱ

1　口金の向きは「ストレートの葉っぱ」と同様。左半分は口金を小刻みに上下に動かしながら、下から上に絞る。

2　右半分も同様に上から下に絞る。

3　乾燥させたら完成。

3枚葉

1　細い花びらを絞るような動きで、左から1枚、中心に1枚、しずく形を絞る。

2　右にも1枚絞る。中心が高く、両サイドが低めになるようにするとバランスがよい。

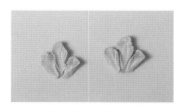

3　乾燥させたら完成。

Cherryblossom

桜

和を象徴する桜は、新しい季節の訪れを告げるサインでもあります。
繊細な花びらを一枚ずつていねいに絞りましょう。

桜 3 種

✿ 用意するもの

- リアルなお花絞り用アイシング
  （花びら：ピンク−④
  またはコーラルピンク−④〈絞り袋につめる〉、
  花芯：好みのイエロー〈コルネにつめる〉）
- 口金 57S（PME）
- 透明のアルコールに溶いた食用色素
  （クリスマスレッド）
- 花粉のパーツ（好みのイエロー・P.60参照）

A

 実物大

Process

1　口金の太いほうを手前に中心に置き、
細いほうは少し浮かせるように角度
をつける。桜草（P.38）1〜2と同様
にハートを描くように1枚ずつ花び
らを絞る。

2　1枚目のすぐ横に口金をさし込み、
同様に2枚目を絞る。輪郭側に高さ
が出るように意識しながら5枚の花
びらを絞る。

3　乾燥させ、アルコールに溶いた食用
色素で着色する。

4
イエローのアイシ
ングで花芯にドッ
トを打つ。乾燥さ
せたら完成。

B

実物大

Process

1　桜Aと同様の5枚の花びらを絞る。

2　口金の細いほうが立ち上がるように
角度をつけて、1段目の花びらの間
に2段目の花びらを5枚絞る。

3　乾燥させ、アルコールで溶いた食用
色素で着色する。花粉をつける（P.65
4〜6同様）。

C

 （実物大）

Process

1
アップルブロッサム（P.36）と同様に5枚の花びらを絞る。

2
ステンレスツールで押しつけて花びらに切れ目を入れる。

3
乾燥させ、アルコールで溶いた食用色素で着色する。

4
イエローのアイシングで大きめのドットを打つ（花粉の接着用）。

5
花芯の部分に花粉がつくよう、花粉を入れたお皿に表面を下にして入れる。

6
余分な花粉を乾いた筆で払い、完成。

桜の
デコレーション
クッキー

✽ 用意するもの

- リアルなお花絞り用アイシング
  （葉：好みのグリーン、つぼみ：ピンク−④
  またはコーラルピンク−④
  〈それぞれコルネにつめる〉）

- 丸型のクッキー（直径4.7cm。
  ロイヤルアイシング〈中間〉の白・
  サーモンピンク−④でベースを作っておく）

- 桜のパーツ（P.64−65参照）

Process

1　クッキーに白いロイヤルアイシング
　を塗って乾燥させておく。ランダム
　に葉っぱを絞る。

2　バランスを見ながら桜のパーツをの
　せる。

3　花の下にコルネの先をさし込んで間
　に葉っぱを絞る。

4　バランスを見てつぼみや花びらの
　パーツを配置する。

5　隙間にピンクのアイシングでつぼみ
　をドットで絞る。

6　葉っぱのバランスを見ながら花びら
　のパーツをのせる。

7
全体のバランスを確
認して、乾燥したら
完成。

Point

花びら1枚だけを絞ると1枚だ
けの花びらパーツになり、同じ
向きに2〜3枚の花びらを重ね
て扇状に絞ると横向きのつぼみ
になります。つぼみの根元には
グリーンでガクを絞ります。

桜の
リースクッキー

❋ 用意するもの

・ ロイヤルアイシング〈中間〉
　（好みのグリーン〈コルネにつめる〉）
・ リアルなお花絞り用のアイシング
　（葉：好みのグリーン、
　　つぼみ：ピンク-④または
　　コーラルピンク-④〈それぞれコルネにつめる〉）
・ リース型のクッキー（直径5.8cm）
・ 桜のパーツ（P.64-65参照）
・ 葉っぱのパーツ（P.61参照）

Process

1　グリーンのロイヤルアイシングをコ
　　ルネにつめ、先端を太めに切って
　　リース型のクッキーに一周絞る。

2　バランスを見ながら桜のパーツをの
　　せていく。

3　桜のパーツをすべてのせたところ。

4　花の間に葉っぱを絞る。

5　葉っぱのパーツを乾燥させたものも
　　用意する。

6　5のパーツをバランスを見ながら花
　　の下にさし込むようにのせていく。

7　隙間にピンクのアイシングをつぼみ
　　に見立ててドットを打つ。

8
乾燥させたら完成。

Mimosa

ミモザ

小さくて愛らしいミモザの花言葉は「優雅」「友情」。
大切なお友達への贈り物にいかがですか？

ミモザ

✻ 用意するもの

・ ロイヤルアイシング〈かため〉
  （花：イエロー−①・イエロー−②、
  葉：グリーン−②・グリーン−③・
  ライトグリーン−④
  〈それぞれコルネにつめる〉）

実物大

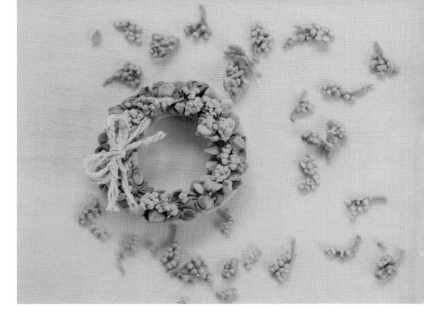

Process

1 　絞りたい大きさに合わせて紙に円を
　描き、その上にクッキングシートを
　のせる。

2 　アイシングはコルネにつめる。イエ
　ローは濃淡で2色用意する。

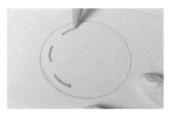

3 　円に沿って、グリーンのアイシング
　で線を描いていく。

4 　1周描けたら内側にもう1周描く。

5 　何本かには茎となるラインを描く。

6 　濃いイエローのアイシングで茎に
　沿ってドットを打つ。

7 　6を全体に打てたら、薄いイエロー
　のアイシングをまばらに打つ。

8 　乾燥させて完成。

ミモザの
リースクッキー

❋ 用意するもの

・ ロイヤルアイシング〈中間〉
（リースのベース：好みのグリーン
〈コルネにつめる〉）

・ ロイヤルアイシング〈かため〉
（ユーカリの葉：グリーン−②・
グリーン−③、葉：好みのグリーン
〈それぞれコルネにつめる〉）

・ リース型のクッキー（直径5.8cm）

・ ミモザのパーツ（P.70参照）

・ ラフィア

Process

1 ユーカリの葉のアイシング
をコルネにつめ、先端をU
字にカットする。

2 クッキングシートの上に、
葉っぱ絞りをする。丸い
葉っぱが絞れる。

3 大小作り、筆先のととのっ
た筆で表面をととのえる。

4 乾燥させたらユーカリの葉
のパーツのできあがり。

5 中間のかたさのロイヤルア
イシングをコルネにつめ、
先端をV字型にカットする。

6 リース型のクッキーに5を
1周絞る。

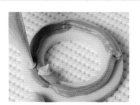

7 1のアイシングで6の上に
葉っぱ絞りする。

8 ミモザパーツをのせ、葉っ
ぱ絞りで留めていく。

9 一方向に組み立てていく。
上からでも下からでもよい。

10 同じようにミモザパーツを
のせ、葉っぱ絞りを繰り返す。

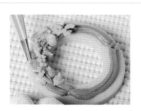

11 4のユーカリの葉を全体を
見ながら配置する。

11 ラフィアのリボンをつけて
完成。

くまとミモザのクッキー

☘ 用意するもの

・ ロイヤルアイシング〈中間〉（ベース・マズル：白、くま：ブラウン−④、目・鼻：ブラウン−①、ほほ：ピンク−③〈それぞれコルネにつめる〉）※花・葉・茎のアイシングは P.73 を参照
・ 丸型のクッキー（直径 3.2cm）

Process

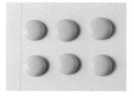

1　事前にクッキングシートの上にくまの顔をブラウンのアイシングで直径1.8cm程度に丸く絞って乾燥させておく。

2　丸型のクッキーは、くまの体以外の部分に白いアイシングを塗る。

3　体の部分にベージュでアイシングする。

4　1で作った顔のパーツをのせる。

5　マズルは白で、耳と手はベージュのアイシングで絞る。

6　鼻と目をブラウンのアイシングで描く。鼻の下はステンレスツールで少し下にひっかく。

7　ピンクのアイシングでほほを描く。

8　体の部分にグリーンのアイシングでミモザの茎を描く。

9　イエローのアイシングでミモザのドットをまばらに打つ。

10　乾燥させて完成。

Point

・クッキーのベースやくまのアイシングは、中間のかたさのアイシングでしています。コルネ1本で線描きと塗り込みができ、また陥没しにくく立体的にアイシングできるので、ぷっくりとしたかわいいくまに仕上がります。
・パーツの乾燥は、フードドライヤーを使うと表面をすぐに乾燥でき、陥没防止になります。

ミモザのミニクッキー

✤ 用意するもの

- ロイヤルアイシング〈中間〉（ベース：白〈コルネにつめる〉）
- ロイヤルアイシング〈かため〉
　（花：イエロー−①・イエロー−②、葉：好みのグリーン、茎：好みのブラウン〈それぞれコルネにつめる〉）
- お好みで丸型（直径3.2cm）や楕円のクッキー

Process

1　丸型のクッキーに白いアイシングを塗って乾燥させる。コルネの先を小さめにカットしてブラウンのアイシングで中心に茎を細い線で描く。

2　左右にバランスよく茎を描く。

3　バランスを見ながら上にも茎を描く。

4　イエローのアイシングで上の茎にミモザのドットを打つ。

5　ミモザの絞りは茎が隠れるくらいが目安。好みでイエローに濃淡をつけてもよい。

6　下の茎の両側にグリーンのアイシングで葉を描く。コルネの先を小さめにカットして、細い線を重ねるように、刺しゅう風に絞り描く。

7　バランスを見ながら同様に左右に葉を描く。

8　乾燥させて完成。

73

Rose & Anemone

ローズ＆アネモネ

さわやかな初夏を思わせるアネモネとローズ。
華やかな色合いで、
見ているだけでも心が躍ります。

ローズ

✿ 用意するもの

・ リアルなお花絞り用アイシング
　（コーラルピンク−③〈絞り袋につめる〉）
・ 口金 #101（ウィルトン）

実物大

Process

1　口金を垂直に持ち、上に折り
　重ねるように3段ほど絞る。

2　口金の太いほうを手前にし
　て土台の中心に垂直にさし
　込み、絞りながら上に引き上
　げて絞り、フラワーネイルを
　回して円錐形の花芯を作る。

3　円錐形の絞り終わりは、フ
　ラワーネイル近くの下で終
　わるように動かす。

4　口金の細いほうを上に垂直
　にして、花芯を包むように短
　い花びらを小さく3枚絞る。

5　ここで終わるとつぼみになる。

6　花びらと花びらの間を埋め
　るように、次の花びらを3枚
　絞る。

7　3枚目の花びらを絞ってい
　るところ。

8　3周目まで絞ったところ。

9　さらに外側に5枚花びらを
　絞る。花芯1→花びら3枚
　→3枚→5枚と法則に従って
　絞ると美しいローズになる。

10　真上から見て丸くなるよう
　にバランスを見ながら花び
　らを絞る。

11　乾燥させたら好みで着色し
　て完成。

12　カラーグラデーションでい
　ろいろなローズができる。

アネモネ

⚜ 用意するもの

- リアルなお花絞り用アイシング
  （ラベンダー–③×白〈絞り袋につめる〉、
  黒〈コルネにつめる〉）
- 口金 #101（ウィルトン）
- ココナッツパウダー（細かいもの）
  ※ココナッツパウダーはそのまま食べられます。

実物大

Process

1　ラベンダーと白のアイシングが半々になるように絞り袋に入れる。

2　1の口をカットして絞り袋に入れ、口金の細い方がラベンダーになるようにセットする。

3　細い方にラベンダーが出ているか、絞って確認する。

4　アップルブロッサム（P.36）と同様に5枚花びらを絞る。

5　1段目が終わったところ。

6　花びら同士が重ならないように、少し小さめに2段目の花びらを絞る。

7　5枚バランスよく絞る。

8　花芯に黒いアイシングで大きめのドットを打つ。

9　花芯のまわりにピンセットでココナッツパウダーを散らす。

10　乾燥させたら好みで着色して完成。

プラティア

✿ 用意するもの

・ リアルなお花絞り用アイシング
  （花びら：グレイッシュブルー−④〈絞り袋につめる〉、
  花芯：白〈コルネにつめる〉）
・ 口金57S（PME）

（実物大）

Process

1
アップルブロッサム（P.36）よりも形が細長くなるように花びらを絞る。

2
1/5ずつ左にフラワーネイルを回しながら花びらを5枚絞る。

3
花びらが5枚バランスよく絞れたところ。必要なら筆で形をととのえる。

4
白いアイシングで花芯を打つ。乾燥させて完成。

お花とリースの クッキー

☘ 用意するもの

- ロイヤルアイシング〈かため〉
  （リース：好みのブラウン、
  葉：好みのグリーン2色
  〈それぞれコルネにつめる〉
- リース型のクッキー（直径5.8cm）
- ローズ・アネモネ・プラティアのパーツ
  （P.76−78参照）
- グログランリボン（5mm幅）

Process

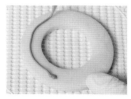

1　リース型のクッキーにブラウンのアイシングで半円だけリースのベースラインを描く。

2　1をなぞるようにして線を太くする。

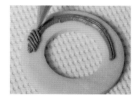

3　2の上から斜めの線を絞る。

4　筆でサイドをならし、編み目に見えるようととのえる。

5　反対側にグリーンのアイシングで1〜2と同様に半円を描き、パーツをのせていく。

6　バランスを見ながら3種類の花を配置していく。

7　3種類の花がのったところ。

8　隙間にグリーンのアイシングで葉っぱ絞りをする。

9　乾燥させたら完成。

Arrange

桜のリースクッキー（P.67）と同じ要領で、クッキー全体に配置したアネモネとプラティアのリースクッキー。

カップケーキの
クッキー

✱ 用意するもの

- ロイヤルアイシング〈かため〉
  （カップ部分：ブラウン−④・
  ブルーバイオレット−④）、クリーム：白、
  葉：好みのグリーン2種
  〈それぞれコルネにつめる〉）

- ロイヤルアイシング〈中間〉（カップ部分：
  ブラウン−④・ブルーバイオレット−④、
  クリーム：白〈それぞれコルネにつめる〉）

- カップケーキ型クッキー2種

- ローズ、アネモネ、プラティアのパーツ
  （P.76−78参照）

チョコレート色のカップケーキ　Process

1　クリーム部分は4段に分け、隣り合わない2ヵ所のベースを中間のかたさの白で塗る。カップ部分は中間のかたさのブラウンで塗る。

2　カップ部分のベースが乾く前に、ブラウンのかたいアイシングで上にラインを描く。

3　中間のかたさの白で残りのクリーム部分を塗る。

4　乾燥させた後、グリーンのアイシングで葉っぱを絞る。

5　ローズのパーツを配置する。

6　アネモネも配置し、間にもうひとつのグリーンで葉っぱ絞りをする。

7　プラティアも配置して、白いアイシングのドットで小花を打つ。

アイスグレーのカップケーキ　Process

1　クッキーのカップ部分に、ブルーバイオレットの中間のかたさのアイシングを塗り、かための のアイシングでラインを描く。

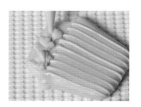

2　ベースが乾いてから葉っぱを絞る。

3　ローズのパーツを配置する。

4　隙間に白いアイシングのドットで小花を打つ。

ショートケーキの
クッキー

✤ 用意するもの

- ・ ロイヤルアイシング〈中間〉
  （クリーム：白、スポンジ：ピーチ－④、
  いちご：好みの赤＋ブラック少量、
  好みの赤、白〈それぞれコルネにつめる〉）
- ・ ロイヤルアイシング〈かため〉
  （葉：好みのグリーン2色〈コルネにつめる〉）
- ・ ケーキ型のクッキー
- ・ ローズのパーツ（P.76参照）

Process

1 スポンジ部分をベージュの アイシングで塗り、乾く前に 白いアイシングをつめたコル ネの先を細く切って細かい ドットを打つ。

2 残りの部分を白いアイシン グで塗る。

3 白いクリームラインの上に 赤いアイシングでラインを 入れる。

4 いちご用のアイシングは濃 い赤、赤、白の3色を中間 のかたさで用意する。

5 クッキングシートの上に赤の アイシングを楕円形に絞る。

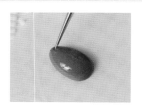

6 ステンレスツールで表面を なじませる。

7 濃い赤のアイシングでドッ トを打つ。乾燥させておく。

8 いちごの断面のパーツを作 る。赤いアイシングで三角 を描く。

9 8の中に白いアイシングを 流し込む。周りの赤をステ ンレスツールで内側に引っ ぱり、マーブル状に描く。

10 ケーキの上になる部分に 葉っぱ絞りをする。

11 葉っぱ絞りが乾かないうち にローズのパーツを並べ、 間にも葉っぱを絞る。

12 いちごの断面のパーツをバ ラと葉の間にさし込むよう にのせる。

81

Carnation
& Ranunculus

カーネーション&ラナンキュラス

華やかなカーネーションとやわらかい印象の
ラナンキュラスは、並べたときの相性も最高です。
母の日のプレゼントにもぴったりですね。

カーネーション

🌱 用意するもの
・ リアルなお花絞り用アイシング（コーラルピンク–②またはコーラルピンク–④〈絞り袋につめる〉）
・ 口金 ＃101（ウィルトン）
・ 透明のアルコールに溶いた食用色素（ピンク）

実物大

Process

1　口金を垂直に持ち、1cm幅で上に折り重ねるように3段ほど絞る。

2　口金の細いほうを上にし、垂直に中心から外側に向けて縦に左右にゆらしながら花びらを絞る。

3　フラワーネイルを回して、同様にランダムに小さな花びらを3枚絞る。

4　中心の花びらが絞れたところ。

5　口金の細いほうを少し外側に開くようにして小刻みに動かしながらフリルのような花びらを絞る。

6　中心の花びらを囲うように4〜5枚絞る。

7　絞り終わったところ。

8　乾燥させ、好みでアルコールに溶いた食用色素で着色する。

ラナンキュラス

✤ 用意するもの

・ リアルなお花絞り用アイシング（ライトグリーン−④ ・白〈それぞれ絞り袋につめる〉）
・ 口金57R（PME）

実物大

Process

1　フラワーネイルの中央にグリーンのアイシングで円錐形の土台を絞る。口金を水平にして下から上に引き上げるように絞る。

2　口金の細いほうを上にし、中心に傾けて土台の周りを囲うようにグリーンのアイシングで細かい花びらを絞る。

3　3枚の花びらで花芯の周りを絞ったところ。

4　3の花びらと花びらの間を埋めるように2周目の花びらを絞る。常に口金は中心側に傾けて絞る。

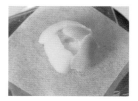

5　2周目の花びらを3枚絞ったところ。

6　3周目は白のアイシングでグリーンを包むように4枚絞る。

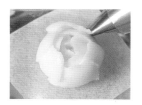

7　丸みが出るよう上からよく確認しながら絞る。

8　3周目の花びらが絞れたところ。

9　8の花びらよりも大きめにまわりに花びらを絞る。

10　好みの大きさになるまで9を繰り返す。乾燥させて完成。

> **Arrange**
>
> ・全部の花びらをライトグリーンで絞ってもよいでしょう。
> ・ピンクのラナンキュラスは外側の白い花びらをアルコールで溶いたピンクで着色しています。
> ・乾燥後、必要なら花芯をアルコールで溶いたグリーンで着色してもOKです。
> ・リースに組み合わせるとき、大きめのもの、小さめのものがあるとバランスよく選んでデコレーションできます。

ラナンキュラスの
リースクッキー

✿ 用意するもの

- ロイヤルアイシング〈中間〉
  （土台：好みのグリーン〈コルネにつめる〉）
- ロイヤルアイシング〈かため〉
  （葉っぱ：好みのグリーン、
  小花：白〈それぞれコルネにつめる〉）
- リース型のクッキー（直径5.8cm）
- ラナンキュラス（P.85参照）、
  葉っぱ（P.61参照）のパーツ

Process

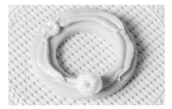

1　リース型のクッキーに中間のかたさ
のグリーンのアイシングを1周絞り、
パーツをのせていく。

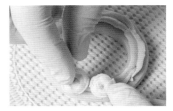

2　バランスを見ながらラナンキュラス
のパーツを配置する。

3　花が同じ方向を向かないように配置
する。

4　花の間に葉っぱ絞りをする。

5　小花を絞る部分のベースとなる葉っ
ぱを絞る。

6　白いアイシングのコルネの先をV字
にカットし、5で絞った葉っぱの上
に小花を絞る。

7　バランスを確認し、
乾燥させて完成。

 Arrange

カーネーション
のリースも同様
にして作ること
ができます。

ウエディングケーキの
クッキー

✿ 用意するもの

- ロイヤルアイシング〈中間〉
  （ベース用：サーモンピンク−②・
  サーモンピンク−③・サーモンピンク−④・
  白〈それぞれコルネにつめる〉）
- ロイヤルアイシング〈かため〉
  （葉：好みのグリーン〈コルネにつめる〉）
- ケーキ型のクッキー3種、ハート型のクッキー
- カーネーション、ラナンキュラスのパーツ
  （P.84−85参照）

3段のケーキ　Process

1　3段のケーキ型クッキーは、1段目
　　に薄いピンク、3段目に白のアイシ
　　ングを塗る。

2　2段目には濃いピンクを塗り、ケー
　　キスタンドは白のアイシングを絞る。

3　ベースが乾いたらグリーンで葉っぱ
　　を絞り、ラナンキュラスのパーツを
　　のせる。

デコレーションのアレンジ　Process

A

1　脚は濃いピンク、ケーキの部分
　　は白いアイシングを塗る。

2　皿の部分を濃いピンクで塗る。
　　葉っぱ絞りをした上にラナン
　　キュラス、カーネーションの
　　パーツをのせる。

B

1　1段目は濃いめのピンク、ケー
　　キスタンドは1段目より薄いピ
　　ンクで塗る。

2　葉っぱ絞りをした上に、カー
　　ネーションのパーツをのせる。

C

1　ハート型のクッキーは好みのピン
　　クのアイシングを塗り、葉っ
　　ぱ絞りをした上にラナンキュラ
　　スのパーツをのせる。

Hydrangea
あじさい

あじさいの語源は、小さなものの集合という意味を持つ「あづ」と藍色を指す
「さゐ」から成っています。可憐で小さな花びらを、お花絞りで表現しましょう。

あじさい・アリッサム

✿ 用意するもの

- リアルなお花絞り用アイシング（花びら：ブルー−③×白・白〈絞り袋につめる〉、花芯：ブルー−③・ライトグリーン−④〈コルネにつめる〉）
- 口金57S（PME）、#101°（マーポロ）
- 透明のアルコールに溶いた食用色素（ロイヤルブルー）

実物大

あじさい Process

1　ブルーと白のアイシングをマーブル状に混ぜ、57Sの口金をつけた絞り袋につめる。

2　アップルブロッサム（P.36）と同様に花びらを絞る。

3　フラワーネイルを1/4ずつ回して4枚の花びらを絞る。

4　中央に穴があかないよう、筆でととのえる。

5　コルネにつめたブルーのアイシングで花芯のドットを打つ。

6　乾燥させ、好みでアルコールに溶いた食用色素で着色して完成。

アリッサム Process

1　白いアイシングを#101°の口金をつけた絞り袋につめる。あじさいと同じように花びらを絞る。

2　4枚の花びらが絞れたところ。

3　花芯はライトグリーンのアイシングで打つ。乾燥させて完成。

ガクアジサイ

✛ 用意するもの

- リアルなお花絞り用アイシング（花びら：ブルーバイオレット－②〈絞り袋につめる〉、
  花芯：ライトグリーン－④〈コルネにつめる〉）
- 口金 57S（PME）
- 透明のアルコールに溶いた食用色素（バイオレット）

実物大

Process

1　フラワーネイルの中央に土台を絞る。

2　口金を前後に動かし、細い長びらを
　5枚絞る。

3　4枚目を絞っているところ。

4　2段目は1段目の花びらの間に花び
　らがくるように絞る。

5　2段目は口金を立てるようにして絞る。

6　ライトグリーンのアイシングで花芯
　にドットを打つ。

7　乾燥させ、好みで透明のアルコール
　に溶いた食用色素で着色して完成。

あじさいのミニドーム・リースクッキー

✽ 用意するもの

- ・ロイヤルアイシング〈中間〉
  （土台：好みのグリーン〈コルネにつめる〉）
- ・ロイヤルアイシング〈かため〉
  （葉：好みのグリーン〈コルネにつめる〉）
- ・丸型のクッキー（直径3.2cm）
- ・リース型のクッキー（直径5.8cm）
- ・あじさい・アリッサム、
  ガクアジサイのパーツ（P.90-91参照）
- ・葉っぱのパーツ（P.61参照）

ミニドームクッキー Process

1
クッキーにグリーンのアイシングで土台を絞り、葉っぱのパーツをのせる。中央が高くなるようにグリーンのアイシングを絞る。

2
あじさいのパーツをバランスを見ながらのせる。

3
隙間ができないように花と花の間に葉っぱを絞る。

リースクッキー Process

1
リース型のクッキーにグリーンのアイシングで土台を絞り、花のパーツを配置する。

2
隙間に葉っぱ絞りをする。

3
乾燥させて完成。

あじさいと
くまのクッキー

✻ 用意するもの

・ ロイヤルアイシング〈中間〉
  （くま：好みのブラウン・白、
  目・鼻：ブラウン−①、ほほ：ピンク−③、
  傘：好みのブルー〈それぞれコルネにつめる〉）

・ くまのクッキー

・ アリッサムのパーツ（P.90参照）

・ 葉っぱのパーツ（P.61参照）

Process

1 くまの体部分の輪郭にブラウンのアイシングを絞る。

2 1の中と耳、傘の軸に白いアイシングを絞る。

3 顔、下におろした手、足にブラウンのアイシングを絞る。傘の柄は白のアイシングを絞る。

4 傘をブルーのアイシングで塗る。

5 ベースが乾く前に、白いアイシングでドットを打つ。

6 ドットの中心にステンレスツールを軽くのせ、白を上に引き、しずくの模様にする。乾く前に手早くすること。

7 傘を持っている手をブラウンのアイシングで絞る。

8 マズルを白いアイシングで絞る。

9 8が乾いてから濃いブラウンで鼻のドットを打つ。

10 9と同様にして目を打つ。ピンクのアイシングでほほのドットを打つ。

11

傘に葉っぱとアリッサムのパーツをのせる。

Margaret & Spraymum

マーガレット＆スプレーマム

元気なイメージのマーガレットと華やかなスプレーマムは
明るい色合いがぴったりです。
いろいろな色でトライしてみてください。

マーガレット

✤ 用意するもの

- リアルなお花絞り用アイシング
  （花びら：白〈絞り袋につめる〉、花芯：イエロー−②〈コルネにつめる〉）
- 口金 ST50（PME）
- 花粉パーツ（P.60参照）

実物大

Process

1 　フラワーネイルの中央に花芯用のア イシングでドーム型の土台を絞る。

2 　土台に花粉パーツをつける。

3 　花粉がつきすぎてしまったら、乾い た筆で払い、形をととのえる。

4 　口金ST50は深い切り込みがあるほ うを横にして花芯の下に押し付ける ようにして絞り始め、中心から外側 に向かって斜め上方向にスッと力を 抜いて切る。

5 　1段目は花びらを5枚絞る。

6 　花びらの間を埋めるように、2段目 を同じように絞っていく。

7 　上から見て丸くなるようにバランス よく花びらを足す。

8 　乾燥させて完成。

スプレーマム

❀ 用意するもの

- リアルなお花絞り用アイシング（ラベンダー−③〈絞り袋・コルネにつめる〉）
- 口金57S（PME）
- 透明のアルコールに溶いた食用色素（バイオレット）

実物大

Process

1　アップルブロッサム（P.36）の花びらを絞る動きを細かくして、細い花びらを絞る。

2　1段目は8〜10枚ほど絞る。

3　1段目の花びらの間にくるように丸い花びらを5〜6枚絞る。

4　口金は角度をつけて花びらが立ち上がるように絞る。

5　中心があくように、内側に角度をつけた花びらを3枚ほど絞る。

6　同じアイシングをコルネにつめ、先をV字にカットする。垂直に下から上に引き上げるように中心に花びらを絞る。

7　中心に1枚、その周りに3枚細い花びらを絞る。

8　乾燥させ、好みでアルコールに溶いた食用色素で着色して完成。

フラワーバスケットのクッキー

✤ 用意するもの

・ ロイヤルアイシング〈かため〉（バスケット：好みのアイボリー〈絞り袋につめる〉、葉：好みのグリーン2色、
　小花：白・好みのピンク〈それぞれコルネにつめる〉）
・ ロイヤルアイシング〈中間〉（バスケットのベース用：好みのアイボリー）
・ 口金 ＃101°（マーボロ）
・ バスケット型のクッキー　　・ マーガレット・スプレーマムのパーツ（P.96−97参照）

Process

1　バスケットの部分にアイボリーのアイシングをパレットナイフで塗り、乾燥させる。

2　口金をつけた絞り袋にアイボリーのかためのアイシングをつめ、縦線を1本絞る。

3　2の上から横線を1本分の間隔をあけて絞る。

4　3の横線に重なるように縦に1本分の間隔をあけて縦線を絞る。

5　下になった線との間に隙間ができないように筆で押さえる。

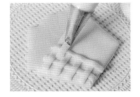

6　3で描いた線と線の間に横線を絞る。

7　2〜6を繰り返してバスケットを絞る。

8　バスケット部分全体に絞ったところ。

9　グリーンのアイシングでベースの葉っぱを絞る。

10　9が乾かないうちにマーガレット、スプレーマムのパーツをのせる。

11　隙間を埋めるように葉っぱ絞りをする。

12　11とは違うグリーンのアイシングでも葉っぱ絞りをする。

13　つぼみに見立ててピンクのアイシングを打つ。

14　口金＃16をつけた絞り袋で、小花をプラスしてもよい。

15　すべてのパーツが絞れたところ。

16　乾燥させて完成。

もこもこくまの
クッキー

✤ 用意するもの

- ロイヤルアイシング〈中間〉
  （くま：好みのアイボリー・白、
  目・鼻：ブラウン－①〈それぞれコルネにつめる〉）
- ロイヤルアイシング〈かため〉
  （葉：好みのグリーン2色〈コルネにつめる〉）
- くまの形のクッキー
- マーガレットのパーツ（P.96参照）
- 透明のアルコールに溶いた食用色素（ピンク）
- 好みのレース

Process

1　くまの体と足、耳のふちにアイボリーのアイシングを絞る。耳の中は白にする。

2　顔、手2本もアイボリーのアイシングを絞る。足の中に白のアイシングを塗る。

3　顔のベースが乾いたら、白のアイシングでマズルを顔の中心に描く。全体を乾かす。

4　白の表面が乾きかけのときに、筆で表面をかきまぜてもこもこの毛並みを作る。

5　足、耳の白い部分も4と同じようにする。

6　ベージュの表面が乾いたら同じ色のアイシングを少し絞る。

7　筆を使ってペタペタ塗り広げながら、もこもこの毛並みを作る。

8　ブラウンのアイシングで鼻と目を描く。

9　鼻のブラウンをステンレスツールで少し下に引っぱり、鼻下を描く。

10　手の間にグリーンのアイシングで葉っぱ絞りをし、マーガレットのパーツを置く。首のまわりにレースをつける。好みで顔に着色する。

11　乾燥させて完成。
※レースは食べられないものをデコレーションパーツとして貼っています。食べる前に外してください。

Sunflower, Gerbera & Cosmos

ひまわり、ガーベラ＆コスモス

さわやかな気候を思わせるお花には、ビタミンカラーが好相性。
元気いっぱいのイメージで絞って。

ひまわり

✤ 用意するもの

・ リアルなお花絞り用アイシング
　（花びら：イエロー−②〈絞り袋につめる〉、花芯：ブラウン−①〈コルネにつめる〉）
・ 口金 ST 50（PME）
・ 透明のアルコールに溶いた食用色素（ゴルデンイエロー）、花粉パーツ（ブラウン・P.60参照）

実物大

Process

1　フラワーネイルの中央にブラウンの
　アイシングでドーム型の土台を絞る。

2　1にブラウンの花粉パーツをつける。

3　花粉がつきすぎてしまったら、乾い
　た筆で払い、形をととのえる。

4　口金 ST 50 は深い切り込みがあるほ
　うを横にして花芯の下に押し付ける
　ようにして絞り始め、中心から外側
　に向かって斜め上方向にスッと力を
　抜いて切る。

5　1周目は花びらを5枚絞る。

6　花びらの間を埋めるように2段目を
　同じように絞っていく。

7

上から見て丸くなるよう
にバランスよく花びらを
足す。乾燥させ、好みで
アルコールに溶いた食用
色素で着色する。

ガーベラ

✿ 用意するもの

- リアルなお花絞り用アイシング
  （花びら：ピーチ—④〈絞り袋・コルネにつめる〉、花芯：好みのグリーン〈コルネにつめる〉）
- 口金57S（PME）
- 透明のアルコールに溶いた食用色素（オレンジ）

実物大

Process

1　デイジー（P.37）と同様に細い花びらを絞る。

2　1段目は10〜12枚花びらを絞る。

3　1周するまで同じように絞っていく。

4　2段目は口金の細いほうを立てるように角度をつけて絞る。

5　2段目は8枚程度。

6　花びら用のアイシングをコルネにつめ、中心を3mmくらいあけてドーナツ状に細かいドットをランダムに絞る。

7　グリーンのアイシングで花芯を打つ。

8　乾燥させる。

9　好みでアルコールに溶いた食用色素で着色して完成。

コスモス

✿ 用意するもの

・ リアルなお花絞り用アイシング
（花びら：ブルー−④×白〈絞り袋につめる〉、
花芯：好みのイエロー〈コルネにつめる〉）
・ 口金57S（PME）
・ 透明のアルコールに溶いた食用色素
（スカイブルー）
・ 花粉パーツ（P.60参照）

実物大

Process

1　ブルーと白が半々になるように絞り
　袋にセットする。

2　1の口をカットして、口金をセット
　した絞り袋に入れる。口金の細いほ
　うからブルーが出るように向きを調
　整する。

3　フラワーネイルの中心から花びらを
　細長く絞る。

4　同様に花びらを絞っていく。

5　1周で8枚の花びらを絞ったら乾燥
　させる。

6　イエローのアイシングで花芯に大
　きめのドットを打ち、ピンセットで
　花粉のパーツをのせる。

7
花芯を乾燥させ、好
みでアルコールに溶
いた食用色素で花び
らを着色したら完成。

ひまわりと ガーベラを使った クッキー2種

✿ 用意するもの

- ロイヤルアイシング〈中間〉
  （ブルー・白・アイボリー・ブラウン・ピンク
  など好みの色〈それぞれコルネにつめる〉）
- ロイヤルアイシング〈かため〉
  （葉：好みのグリーン〈コルネにつめる〉）
- 花瓶型のクッキー、くまのクッキー
- ひまわり、ガーベラ、コスモスのパーツ
  （P.102－104参照）

ひまわりの花瓶クッキー Process ——

1 花瓶の部分をブルーのア
イシングで塗り、乾かない
うちに白でドットを描く。

2 グリーンのアイシングで
茎を描く。

3 茎の部分に丸くアイシン
グを打つ。

4 乾かないうちにひまわり
のパーツをのせる。

5 同様にしてひまわりの
パーツを配置し、隙間に
葉っぱ絞りをする。

6 乾燥させて完成。ガーベ
ラやコスモスでも同様に
できる。

くまとガーベラのクッキー Process ——

1 くまの体部分に白いアイ
シングを塗り、ブルーで
ラインを描く。耳はアイ
ボリーで輪郭を、中に白
を絞る。

2 顔にアイボリーのアイシ
ングを塗る。

3 顔のベースが乾いたらマ
ズルを白のアイシングで
絞る。

4 ブラウンのアイシングで
鼻、目を描く。

5 ピンクのアイシングでほ
ほにドットを打つ。

6 葉っぱを絞り、ガーベラ
のパーツをのせる。

リアルなお花を絞る方へのアドバイス

5章以降のリアルなお花は、絞り方にも少しコツが必要です。
さらにリアルなお花に近づけるために、
ぜひここで挙げることを参考にしてみてください。

---

1 お花をよく観察する

お花をよく見ると、「あれ、この花びらは小さいぞ」「花芯はこうなっているんだ」など、いろいろな発見があります。お花を見れば見るほど、よりリアルな作品に近づきますので、ぜひチェックしてください。絞りたいお花の本物を手元に置いて、見ながら作業をするのもいいですね。

---

2 アイシングに着色するときはムラを出す

本物のお花は、どこもかしこも均一な色ではありませんよね。着色をするときにあえてマーブル感とムラを残しておくことで、本物っぽさを出すことができます。お花だけでなく、葉っぱを絞る際も同様です。

---

3 大きさを均等にしすぎない

花びらの大きさや厚みなども、本物のお花は一枚ずつ違うもの。花芯も同様に、あまり均一にしすぎるとリアル感に欠けてしまいます。少しずつ大きさや厚みを変え工夫してみてください。

4　口金はつねに美しく

お花絞りはすべてが口金で決まるといっても過言ではありません。花びらを絞ったあと、口金にアイシングが残っているようなら、必ず拭きとってから次の花びらを絞り始めましょう。また、チューニング（P.28）もきちんとしておくことが大切です。

5　基本をしっかりと練習する

すべての基本となるのは、アップルブロッサム（P.36）です。5章に出てくるお花を絞りたい場合は、これがしっかりとできるようになってから練習したほうが上達しやすくなります。

6　絞りやすいクリームで絞る

自宅の湿度の環境やご自身の体温などにより、アイシングのかたさは様々です。レシピにさらに粉糖を足した方がいい方は、毎回メモして記録しておくと参考にできます。
ちょうどいいかたさの目安は、指で触ってみてほんの少しアイシングがついてくる程度です。べったりつくようならゆるすぎです。

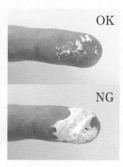

OK

NG

Christmas
Flowers

クリスマスのお花

クリスマスローズ・イングリッシュローズ・ポインセチア・
イクソディア・松ぼっくり・コットンフラワーの
絞り方を紹介します。冬を華やかに彩りましょう。

クリスマスローズ

❋ 用意するもの

- リアルなお花絞り用アイシング
  （花びら：アイボリー－④〈絞り袋につめる〉、
  花芯：ライトグリーン－④・
  イエロー－④〈それぞれコルネにつめる〉）
- 口金57S（PME）

実物大

Process

1
グリーンのコルネは
先端を太めに、イエ
ローのコルネは細め
にカットする。

2
グリーンで土台を高
さ5mmの円錐形に
絞る。アップルブロッ
サム（P.36）の要領
で花びらを3枚絞る。

3
3枚の花びらが絞れ
たところ。

4
花びらの間を埋める
ように2段目に花び
らを3枚絞る。

5
この段階で気になる
部分は筆でととのえ
ておくと仕上がりが
きれいになる。

6
イエローのアイシン
グで花芯を打つ。乾
燥させて完成。

イングリッシュローズ

✿ 用意するもの

- リアルなお花絞り用アイシング
  （花びら：アイボリー−④〈絞り袋につめる〉）
- 口金57S（PME）
- 透明のアルコールに溶いた食用色素
  （アイボリー）

実物大

Process

1　口金を垂直に持ち、5mm幅で上に折り重ねるように3段ほど絞る。

2　口金の細いほうを上に垂直に立てるようにし、土台を中心から3等分にして1ヵ所に3枚ずつ縦に花びらを絞る。

3　ロゼッタ咲きの花芯になる。

4　花芯を囲うように外側の花びらを3枚絞る。

5　口金は垂直に立てるようにする。

6　さらに外側に、花びらの間に3枚絞る。口金は細いほうを少しだけ外側に傾けて開くようにする。

7　花びらが絞れたところ。乾燥させる。

8　好みでアルコールに溶いた食用色素で着色して完成。

111

ポインセチア

* 用意するもの
* リアルなお花絞り用アイシング
  （ブラウン−④
  〈コルネ2本につめる〉）

実物大

Process

1　同じ色を2本コルネにつめて、1本
　はV字にカットする。

2　V字形のコルネで中心から外側に向
　かって鋭角になるように葉を5枚絞る。

3　葉の根元が前に絞った葉にかかるよ
　うに絞る。

4　1段目の葉の間に、1段目より小さ
　めに2段目も5枚の葉を絞る。

5　5枚絞れたところ。

6　もう1本のコルネは先を細めにカッ
　トして花芯のドットを3〜4個打つ。

7　乾燥させて完成。

イクソディア

✱ 用意するもの

- リアルなお花絞り用アイシング
  （白〈絞り袋・コルネにつめる〉）
- 口金 57S（PME）
- 花粉パーツ（ブラウン・P.60参照）

実物大

Process

1

デイジー（P.37）と
同様に細い花びらを
小さく絞る。

2

花びらを少しずつ重
ねながら9〜10枚
絞る。

3

1周絞れたところ。

4

乾燥後、コルネにつ
めたアイシングで花
芯を打つ。

5

花芯が乾燥しないう
ちにブラウンの花粉
パーツをつける。

6

余分な花粉は乾いた
筆で払って、完成。

松ぼっくり

☆ 用意するもの
・ リアルなお花絞り用アイシング（ブラウン－③〈絞り袋につめる〉）
・ 口金 ＃101°（マーポロ）、または 56R（PME）

実物大

Process

1　アイシングはブラウンのマーブル調になるように作る。

2　フラワーネイルの中央に 5～6mm 高さの円錐形に土台を絞る。

3　口金を垂直に立てるようにし、土台を囲うように下から上に引き上げる動きで、少し外側に向かって 5 枚の松かさを絞る。

4　3枚目を絞ったところ。

5　5枚目を絞るところ。

6　1周目の 5 枚の松かさの間を埋めるように、内側にも垂直に松かさを絞る。

7　さらに内側にも同様に松かさを絞っていく。

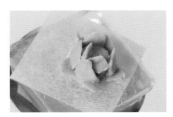

8　中央が大きくあかないように、中心に向かって絞る。

8　最後まで絞ったところ。乾燥させたら完成。

コットンフラワー

実物大

丸口金

コルネを太く切っても絞れますが、丸口金があると便利です。

✿ 用意するもの

・ リアルなお花絞り用アイシング
（コットン：白〈コルネまたは絞り袋につめる〉、ガク：ブラウン－④〈コルネにつめる〉）
・ コルネまたは丸口金3mm
・ アーモンドプードル（必ず加熱してから使用すること）

Process

1　アーモンドプードル10gを電子レンジ600Wで50～60秒加熱する。しっかり冷ましてから白のアイシング35gに加えて混ぜる。絞りやすいかたさになるよう水を足して調整する。

2　ブラウンのアイシングをつめたコルネは先端がV字になるように細めにカットする。

3　1のアイシングをコルネまたは丸口金をセットした絞り袋につめ、土台を絞る。

4　3を中心にして、その上にドットを4つ絞る。

5　先端が丸くなるように筆でととのえる。

6　4つのドットの間に、ブラウンのアイシングを下から上に隙間に沿わせるように絞る。

7　下にも小さなガクを葉っぱ絞りで絞る。

8　自然乾燥させて完成。

Point

アイシングにアーモンドプードルを混ぜることで、コットンフラワーらしい表面の質感をリアルに表現しています。最後の乾燥は、フードドライヤーを使用するとアーモンドプードルが加熱によりダレてしまうので、必ず自然乾燥にしてください。

くまと
クリスマスオーナメント
のクッキー

❋ 用意するもの

・ ロイヤルアイシング〈中間〉
（くま：ブラウン−④、
オーナメント：アイボリー−④、
服：白、目・鼻：ブラウン−①、
ほほ：ピンク−④〈それぞれコルネにつめる〉）
・ くまのクッキー
・ ココナッツパウダー
・ ポインセチアのパーツ（P.112参照）

Process

1　白のアイシングで服、靴、帽子を、
淡いブラウンのアイシングで顔を塗る。

2　耳を淡いブラウンと白で、マズルと
ズボンを白で、オーナメントをアイ
ボリーで絞る。

3　オーナメントを持つ腕と手を描き足す。

4　帽子のポンポンに白いアイシングを
絞る。

5　帽子のフチのファー部分にも白いア
イシングを絞る。

6　マフラー、服や靴のファー部分も同
様に白いアイシングを絞る。

4　小皿にココナッツパウダーを広げ、
その上にクッキーをのせる。

5　余分なココナッツパウダーを乾いた
筆で払う。

6　ブラウンで顔、ほほをピンクで描き、
ポインセチアのパーツをのせて完成。

くまと葉っぱの
クッキー

⚜ 用意するもの

・ロイヤルアイシング〈中間〉
　（くま：ブラウン−④、服：白、
　　目・鼻：ブラウン−①、ほほ：ピンク−④、
　　葉：ライトグリーン−③・ライトグリーン−④
　　〈それぞれコルネにつめる〉）

・くまのクッキー

・ココナッツパウダー

Process

1
白のアイシングでくまの服、靴、帽子を塗る。

2
グリーンのアイシングで葉っぱを塗り、薄いグリーンのアイシングで模様を描く。白のアイシングで服や帽子を描き足す。

3
ブラウンのアイシングでくまの顔を塗る。

4
マフラー、ポンポン、ファーの部分に白いアイシングを絞る。

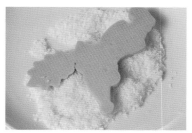

5
小皿にココナッツパウダーを広げ、その上にクッキーをのせる。

6
余分なパウダーを筆で払い、顔を描いたら完成。

葉っぱと
イクソディアのクッキー

✼ 用意するもの

・ ロイヤルアイシング〈中間〉
　（白・グリーン−③、グリーン−④
　〈それぞれコルネにつめる〉）
・ 葉っぱ型のクッキー2種
・ イクソディアのパーツ（P.113参照）

Process

1
クッキーに白いアイシング
で縁どりをする。

2
グリーンのアイシングで
茎を描く。

3
葉の中にグリーンのアイ
シングを絞る。

4
イクソディアのパーツを
のせて完成。

クリスマスリースの クッキー

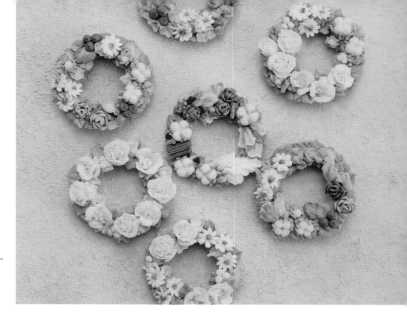

☀ 用意するもの

・ ロイヤルアイシング〈中間〉
　（土台：好みのグリーン）
・ リアルなお花絞り用アイシング
　（葉：好みのグリーン、実：ラベンダー−①
　〈それぞれコルネにつめる〉）
・ リース型のクッキー（直径5.8cm）
・ イクソディア・松ぼっくり・コットンフラワー
　などのパーツ（P.113−115参照）
・ 葉っぱのパーツ（P.61参照）

Process

1　リース型のクッキーにグリーンのア
　イシングを1周絞り、好きなパーツ
　を置く。

2　バランスを見ながら葉っぱのパーツ
　を配置する。

3　グリーンのアイシングで隙間に葉っ
　ぱ絞りをする。

4　土台のアイシングが乾燥しないうち
　に、パーツを配置していく。

5　バランスを見ながら隙間を埋めていく。

6　ラベンダーのアイシングで木の実に
　見立てた大きめのドットを絞る。

7　乾燥させたら完成。

アルファベットのクッキー

✳ 用意するもの

・ ロイヤルアイシング〈中間〉（白・アイボリーなど好みの色〈それぞれコルネにつめる〉）

・ アルファベット型のクッキー

・ ポインセチアのパーツ（P.112参照）

N　Process

1　クッキーに白のアイシングで縁どり
　　をする。

2　内側にアイシングを絞る。

3　乾いたらポインセチアのパーツをア
　　イシングで貼りつけて完成。

O　Process

1　クッキーにアイボリーのアイシング
　　で縁どりをする。

2　内側にアイシングを絞り、乾く前に
　　白いアイシングでドットを描く。

3　乾いたらポインセチアのパーツをア
　　イシングで貼りつけて完成。

Point

白いアイシングは無着色でも使用でき
ますが、クッキーのベースに塗る場合、
時間が経つとクッキーの油が染みて変
色することがあります。白の食用色素
を入れると変色を防ぐことができます。

Arrange

アルファベットのクッキー
は「NOEL」「X'mas」など
のワードにもなります。名
前を作ってプレゼントする
のも素敵。

ラッピングのアイディア

お花絞りやアイシングクッキーはそのままでも素敵ですが、
きれいにラッピングすることで華やかさがさらにアップします！

バスケットの
ラッピング

多肉植物など高さがあるも
のは、バスケットのように
深さがあるものに入れると
安心です。緩衝材をオレン
ジなど暖色系にすると、色
合いもさみしくなりません。

アクセサリー風の
ラッピング

まるで、アクセサリーと見間違えてしまいそうなラッピング。透明の
袋に、上からシールを貼るだけとお手軽なのもうれしいポイントです。

ギフトボックスの ラッピング

シンプルなラッピングは、ラブリーな雰囲気が苦手な男性へのプレゼントにもぴったりです。リボンは、輪っかのある方向から結ぶときれいに仕上がりやすくなりますよ。

キャンディー風の ラッピング

袋にクッキーを入れ、シーラーで一カ所ずつ封をしてラッピングしています。一番上の場所に、シールを貼ると完成です。大人はもちろん、子どもにプレゼントしても喜ばれそうですね。

Q & A

アイシングやお花絞りに関する、よくある質問をまとめました。

Q1 アイシングがベタついてしまって、
お花が上手に絞れません。

A1 アイシングはいつも同じ材料・同じ量で作っていても、
その日の湿度や気温などが高いとベタつきがちです。
夏場や雨の日を避けるか、そのような日はなるべく湿
度と気温を低めにした場所で作業するようにしてくだ
さい。湿度でベタつく時は、粉糖を足してダレないか
たさに調整しましょう。

Q2 同じアイシングを使っているのに、
上手にできる日とそうでない日があります。

A2 アイシングは正しく保管をすれば約1週間使えますが、
作りたてのアイシングでトライしたほうがきれいに仕
上がりやすくなります。プレゼント用にしたいときな
どは、ぜひその日に作ったアイシングでチャレンジし
てみてください。安定した美しいお花絞りをするため
には、作りたてのアイシングで作る事をおすすめします。

※アイシングのかたさの見極め方法は P.107-6にあります。

Q_3 花びらを均等に絞るのが、
どうしても難しいです。

A_3 慣れないうちはガイドシート（P.30に原寸大あり）をフラ
ワーネイルに貼って使うのがおすすめです。また、い
きなり難しいものからチャレンジしようとせず、まず
はすべての基礎となるアップルブロッサム（P.36）から
練習するとよいでしょう。また、ナチュラルなお花は、
全て同じ形ではありません。不揃いでもクッキーにデ
コレーションすると素敵なクッキーに仕上がりますよ。

Q_4 クッキーに絞るアイシングのかたさが、
上手に調節できません。

A_4 まずはかたいアイシングを作って、水を足すのがかた
さ調整の基本です。水を足す際はスプーンなどで直接
水を入れるのではなく、スプレー容器に入れて少しず
つプラスすると微調整しやすくなります。

Christmas Rose

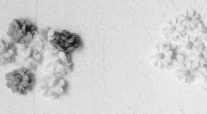

Ranunculus

Spraymum

Cherry Blossom

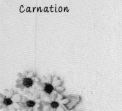

Carnation

Cosmos

Primrose

Hydrangea

Sunflower

Ixodia

Mini Rose

Cotton Flower

Viola

Rose

English Rose

Lacecap Hydrangea

Gerbera

Ranunculus

Margaret

Anemone

一般社団法人 Artist Link Associate

ALAは女性のライフワークスタイルを豊かにしたいとの想いから誕生しました。皆様の特技や趣味をライフワークに活かしてみませんか？

特技を仕事に活かした女性の新しい働き方を提案し、ALAは女性の社会進出を応援しています。

教室開講を目標とされる方、ご自身で作られたものを販売されたい方、また趣味として楽しみたい方…。

受講される皆様の目指す方向は様々ですが、皆様が受講しやすいレッスン体制、価格、レシピにこだわりを持ちながら、可愛いスイーツデコレーションを基本とする教室開講のための様々なALAオリジナルの資格認定講座を開講しています。

運営方針も協会主体型ではなく、認定教室主体型となり、認定教室の運営のサポートに力を入れています。

主な認定講師講座として、アイシングクッキー認定講師講座、ロイヤルアイシングフラワー認定講師講座、マカロンアート認定講師講座、ショコラフラワー®認定講師講座、グミレース®認定講師講座など多数の講座を展開しています。

また、2015年設立以来、認定教室も日本全国、海外まで広がり、会員数も年々増加しています。これからも認定教室運営のサポートに重点を置いた協会として、皆様にご愛顧頂けるような運営体制で活動してゆく所存です。

この書箱にご興味をお持ちいただき、皆様のライフワークを豊かにする一つのきっかけとなりましたら幸いです。

■ ALA認定本部教室

Atelier mei's	https://www.instagram.com/at_meis/
katy's collection	https://www.instagram.com/katycollection_ala/
Velvet Leaf	https://www.ameblo.jp/velvetleaf331/
Atelier Lulu	https://www.instagram.com/atelier_lulu_aco/
sTuDiO aKi	https://www.instagram.com/studio_ak1/
Curren's Sweets	http://www.instagram.com/curren0610/
T's collection	https://www.instagram.com/ts_collection915
time4tea Rippo	https://www.instagram.com/rippotea/

■ お問い合わせ　　info@artist-link-japan.com

■ ALAオンラインショップ
《sugar deco》回転台、絞り袋、PME口金、その他販売　https://www.sugardeco.theshop.jp/

Artist Link Associate　八木智美　🐦 Satomi Yagi

一般社団法人 Artist Link Associate（アーティスト リンク アソシエイト）代表。
アイシングクッキー教室『Atelier mei's』主宰。イギリスの PME シュガークラフトディプロマコース、アメリカのウィルトンメソッドコースでシュガークラフトを学ぶ。
幼少の頃から母に教えてもらい楽しんでいたハンドメイド…。夢はデザイナーになることでした。そして、その夢はファッションデザイナーへの道へと繋がります。大手アパレルメーカーのブランドデザイナーとして、またパリコレで活躍する有名デザイナーのアシスタントとして活躍後、結婚を機に退職。2人の子どもに恵まれ、2002年から中国での生活をスタート。子どもたちの通うインターナショナルスクールで出会ったかわいいスイーツに魅了され、アイシングクッキーやシュガーケーキなどの『可愛いスイーツ』作りを日々コツコツと楽しんでいます。

https://www.instagram.com/alajapan/

Staff

撮 影	シロクマフォート
デザイン	柿沼みさと
制作・編集	スタンダードスタジオ
スタイリング・コーディネート	青山 ELLEJOUR 林みほ
	宮沢史絵
フラワーコーディネート	星野玲子
ラッピングデザイン	水谷加菜子
アシスタント	大林路子　関口恵子　川越晶子
	依田亜希　石原久美子　向万帆

協賛企業

■ cotta（コッタ）
製菓材料、ラッピング用品
オンラインショッピング http://www.cotta.jp/
〈商品のお問い合わせ〉
コールセンター：0570-007-523（ナビダイヤル：有料）
受付時間 9:00〜12:00 / 13:00〜17:00 ※日曜・祝日を除く

■（株）アントレックス WiltonJapan
ウィルトン（Wilton）正規代理店
https://www.entrex.co.jp/brand/wilton/

■（株）ホソジマ
日本製にこだわった高品質なフードアーティスティックブラシ、化粧道具の製造
Instagram　https://www.instagram.com/hosojima.co/
HP　https://mikra.shop

撮影協力

■ サラグレース
フレンチスタイルの雑貨、家具を販売
https://www.zakka-sara.com/smartphone/

■ ラ・ドログリー
フランスの手芸材料店
http://www.ladroguerie.jp/

■ PME
https://trade.pmecake.co.uk/

■ 撮影・スタイリングボード屋さん
https://shop315.stores.jp

■ UTUWA
http://www.awabees.com/page/utuwa.php

〜お花絞りテクニック集〜

Royal Icing Flowers
ロイヤル　　アイシング　　フラワーズ

2020年7月1日 第1刷発行

著 者	Artist Link Associate 八木智美
発行者	吉田芳史
印刷所	株式会社 文化カラー印刷
製本所	大口製本印刷株式会社
発行所	株式会社 日本文芸社
	〒 135-0001
	東京都江東区毛利 2-10-18 OCM ビル
	TEL.03-5638-1660（代表）

Printed in Japan 112200622-112200622Ⓝ01（250049）
ISBN978-4-537-21801-5
URL https://www.nihonbungeisha.co.jp/
©Artist Link Associate Satomi Yagi 2020
（編集担当 牧野）

〈WEB SITE〉 https://www.nihonbungeisha.co.jp/